COURS

DE

VERSIONS GRECQUES.

———

TRADUCTION FRANÇAISE.

PREMIÈRE PARTIE.

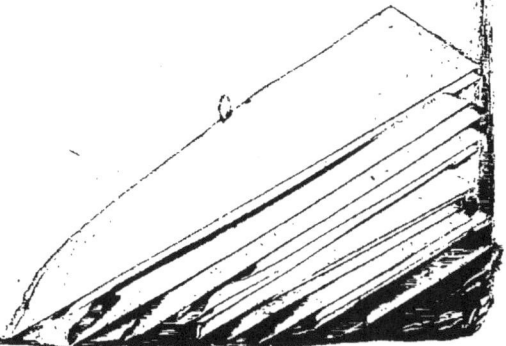

IMPRIMERIE DE J. GRATIOT,
Rue du Foin Saint-Jacques, maison de la Reine Blanche.

COURS

DE

VERSIONS GRECQUES,

OU

CHOIX DE PHRASES GRADUÉES,

EXTRAITES DES AUTEURS GRECS,

Pour servir d'application méthodique à la Grammaire grecque
de M. Burnouf ;

PAR M. LE BAS,

Maître de Conférences à l'École normale,

ET M. REGNIER,

Professeur au Collége royal de Saint-Louis.

TRADUCTION FRANÇAISE.

PREMIÈRE PARTIE,

CONTENANT LES APPLICATIONS AUX TROIS PREMIERS LIVRES.

PARIS,

LIBRAIRIE CLASSIQUE ET ÉLÉMENTAIRE DE L. HACHETTE,
ANCIEN ÉLÈVE DE L'ÉCOLE NORMALE,
RUE PIERRE-SARRAZIN, N° 12.

1834.

et que\
ui passe\
endicu-\
ulaires,

32^m45\
76.50\
16225\
9470\
15

32.4250\
28.2750\
0.7000\
5.3500

carrés,\
négli-

s leur\
nsque\
. 24,\
n tire\
le de\
suite,\
P des\
sur la\
s opé-

$= 73^M$

$= 83,$

LIVRE PREMIER.

CHAPITRE II.

DES MOTS.

NOMS SUBSTANTIFS.

PREMIÈRE DÉCLINAISON.

§ 15.

NOMS FÉMININS.

SINGULIER.

1. La justice est le remède du vice.
2. La terre est un point.
3. Terre vénérable, libérale, dispensatrice d'une douce richesse.
4. Toute science séparée de la justice et de la vertu, est une industrie malfaisante, et non un véritable savoir.
5. Les tortues marines pondent sur la terre.
6. Aspasie était très belle; elle avait les cheveux blonds.
7. Tout animal a une ame.

---

1. Le désordre et le manque de symétrie sont choses hideuses.
2. Salut, déesse qui règnes sur Salamine aux beaux édifices!
3. L'obéissance est la mère du succès.

4. Les Arginuses sont situées auprès du cap Malée, vis-à-vis de Mitylène.

5. La philosophie a pour objet la vérité.

---

1. La baleine sort de la mer.

2. Salut, reine, déesse aux bras blancs, céleste lune!

3. Nicandre dit que la peau de l'amphisbène attachée autour d'un bâton chasse tous les serpens.

4. Lerne est située près de la mer.

5. Les abeilles ne souffrent point d'abeille morte dans l'intérieur de la ruche.

---

1. Le figuier ne porte point de fleurs.

2. Ta mine a produit cinq mines.

3. Toute l'Attique est consacrée à Minerve.

4. Hélène est fille de Léda.

5. Procné, informée de ce qui était arrivé à Philomèle, tua Itys.

PLURIEL ET DUEL.

1. A Athènes il y a des peines contre l'oisiveté.

2. L'Asie et l'Europe sont des coins du monde.

3. Déesses, toutes vos œuvres sont belles.

4. Il faut s'abstenir des voluptés.

5. L'art qui s'occupe de la guérison de l'âme est le plus grand de tous les arts.

6. C'est plutôt par l'énergie de l'âme que par la force du corps que se décident les combats.

7. Hégémon de Thasos est le premier qui ait fait des parodies.

8. Sous la rosée du ciel fleurit le narcisse, antique couronne des deux grandes déesses.

NOMS MASCULINS.

SINGULIER.

1. Le juge est l'arbitre de la justice.
2. Salut, Hermès, dieu du plaisir, messager des Dieux !
3. Il n'est pas de poète plus habile qu'Euripide.
4. La nuit est favorable au voleur.
5. Le voleur et le calomniateur sont odieux à tout le monde.

---

1. Pythagore buvait peu.
2. Il y avait à Damas un disciple nommé Ananias, et le Seigneur lui dit dans une vision : « Ananias ! »
3. Télaugès était fils de Pythagore.
4. La femme de Pythagore s'appelait Théano.
5. On croit que l'anthias est un poisson sacré.
6. On regardait Pythagore comme un être divin.

PLURIEL.

1. Les araignées vivent de la chasse des mouches.
2. Quatre Pythagore ont vécu à la même époque.
3. Salut, fils de Tyndare, vous qui montez des coursiers rapides !
4. A Athènes, il y a dans le théâtre des statues qui représentent des poètes tragiques et des poètes comiques.
5. Diane, chez les Scythes, tue les étrangers.
6. Selon les Thessaliens, les Illyriens et les habitans de Lemnos, les geais sont des oiseaux bienfaisans.

1.

6. Dans le temple de Minerve, qui est dans Larissa, citadelle d'Argos, se trouve le tombeau d'Acrisius.

7. OEbalus eut pour fils Tyndare.

8. Dans le pays de Daulis est, dit-on, le temple de Minerve Troyenne.

PLURIEL.

1. Les faons, les pigargues et les lièvres sont timides.

2. Peuples, écoutez!

3. Les petits des lièvres sont appelés levrauts.

4. Les Indiens chassent les lièvres et les renards.

5. La prophétesse Sibylle appelle les temples des ruines.

§ 19.

TROISIÈME DÉCLINAISON.

SINGULIER.

1. L'homme n'est qu'un souffle et qu'une ombre.

2. Ceux qui ont la jaunisse trouvent le miel amer ; ceux qui sont enragés ont horreur de l'eau, et les enfans ne trouvent rien de plus beau qu'une balle.

3. Le genou est commun à la cuisse et à la jambe.

4. Io était fille du roi des Argiens.

5. Xénophon était bon soldat.

6. Le temps éprouve les amis, comme le feu éprouve l'or.

7. L'aspic se trouve en Libye.

8. Pélops, fils de Tantale, s'empara de tout le Péloponèse.

9. La folie est un sphynx pour les hommes.

10. L'abeille recherche la fleur ; la chèvre, le rameau ; le sanglier, la racine ; d'autres animaux, la graine et le fruit.

11. Esculape, roi et dieu le plus ami des hommes !

12. Sommeil, roi de tous les dieux et de tous les hommes !

13. O roi, tu gouvernes la Lycie, l'aimable Méonie et Milet!

14. Salut, fille de Saturne!

15. Ajax, fils de l'irréprochable Télamon!

16. La santé est la vertu du corps.

17. Les gouttes d'eau creusent les pierres.

18. C'est en hiver et au printemps qu'on dort le plus long-temps.

19. Le crabe est ennemi du polype.

20. Dans une armée nombreuse, la multitude est indocile.

21. Tu blanchis un Éthiopien.

21. Le renard hait le faucon; et le taureau, le corbeau.

23. La fourmi n'a point de bouche.

24. Les abeilles prévoient la tempête et la pluie.

25. La mort de la terre, c'est de devenir de l'eau; la mort de l'eau, c'est de devenir de l'air; la mort de l'air, c'est de devenir du feu.

26. Le loup change de poil et non de naturel.

PLURIEL.

1. En Cilicie on tond les chèvres, comme ailleurs les brebis.

2. Entre autres offrandes, dans le temple du cap Ténare se trouve un Arion, joueur de lyre, en airain et assis sur un dauphin.

3. Enfans, cessez vos pleurs!

4. Médon était boiteux.

5. Les chevaux que l'on met au vert sont exempts de toutes les maladies, la goutte exceptée.

6. Icare, père de Pénélope, proposa, dit-on, le combat de la course aux prétendans de sa fille.

7. Le pivert mange les fourmis et les petits vers qui sortent des arbres.

8. La faim dessèche les corps.

DUEL.

1. Mes enfans, il faut sortir de ces lieux.
2. J'ai vu les deux Ajax, le fils d'Oïlée et le fils de Télamon.
3. La mort est la séparation de deux choses, de l'ame et du corps.

~~~~~~

§ 20.

DATIF PLURIEL.

1. Orthagoras, dans son ouvrage sur l'Inde, dit que les pâtres donnent pour nourriture à leurs chèvres des poissons secs.
2. Le sang se trouve dans les veines, et la moelle dans les os.
3. Les sages doivent vivre dans l'espérance.
4. Selon Platon, le sommeil et la fatigue sont ennemis de la science.
5. Le francolin est un oiseau ; Aristophane en fait mention dans sa pièce des Oiseaux.
6. Alexandre soumit l'Asie aux Grecs.
7. Les loups cerviers font la guerre aux chiens et aux lions.
8. Le froid nuit aux dents, aux nerfs et au cerveau. La chaleur, au contraire, leur est utile.
9. Comment t'es-tu conduit jusqu'à présent envers les dieux, envers tes parens, tes frères, ta femme, tes enfans, tes maîtres, ceux qui t'ont élevé, tes amis, tes proches et tes serviteurs ?
10. Les éléphans ont une trompe longue et forte dont ils se servent comme d'une main.
11. Quand on jette de la rue aux polypes, ils restent sans mouvement.
12. Les Thraces portent des peaux de renard sur la tête et sur les oreilles ; leurs tuniques couvrent leur poitrine et leurs

cuisses ; et de longues robes pendent jusqu'à leurs pieds , quand ils sont à cheval.

§ 21.

1. Dion , fils d'Hipparinus , renversa la tyrannie de Denis.

2. Je connais Pâris ; c'est un beau jeune homme.

3. Le lion a peur du coq, et cet oiseau effraie aussi , dit-on , le basilic.

4. Aussitôt l'illustre Hector ôta son casque de dessus sa tête.

5. J'ai vu un bœuf qui avait cinq pieds.

6. J'ai entendu dire que le griffon, animal des Indes , avait quatre pates comme les lions.

§ 22.

NOMS CONTRACTES.

TERMINAISON ΗΣ.

1. Aristote était de Stagire.

2. On demandait à Diogène : « Diogène , que penses-tu de Socrate ? — Qu'il est fou » , répondit-il.

3. Mandane était fille d'Astyage.

4. Les habitans de la Carmanie sacrifient un âne à Mars , qui est le seul Dieu qu'ils adorent.

5. Critias haïssait Socrate.

6. Il y a eu cinq Diogène.

7. Les Grecs attendirent Cléandre, les trirèmes et les bâtimens de transport.

TERMINAISON ΟΣ.

1. L'expérience est la pierre de touche des mortels.

2. Minerve a sur la poitrine une espèce de figure terrible qui a des serpens pour cheveux.

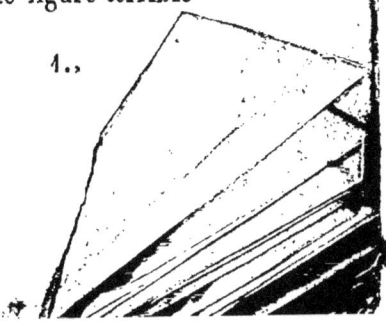

1..

3. Ce qui n'est point utile à l'essaim, n'est pas non plus utile à l'abeille.

4. Considère la fin de la vie.

5. Les montagnes au dessus d'Anticyre sont très pierreuses.

6. Dormez, mes enfans, d'un sommeil doux et léger.

7. Il n'y a que la philosophie qui puisse guérir les infirmités et les maladies de l'ame.

8. On n'aime point un messager de mauvaises nouvelles.

9. Il y a des oiseaux qui habitent les montagnes et les forêts.

10. Les lieux modifient aussi les mœurs.

11. C'est avec des fleurs que se font les rayons de miel.

12. C'est la cire et non le miel que l'abeille fait avec des fleurs, mais elle rapporte celui qui tombe de l'air.

§ 23.

TERMINAISON ΙΣ.

1. Oui, le silence est une réponse pour les sages.

2. O ville, chérie de Jupiter !

3. Les œuvres de la violence durent peu chez les mortels.

4. Dans la vie de l'homme, la fin de la satiété et de l'insolence, c'est la mort ; la fin de la pauvreté et de la détresse, c'est la vertu.

5. Dans les lois est le salut de l'État.

6. La mère de Cléobis et de Biton pria la déesse de donner à ses deux fils ce qu'un homme doit désirer le plus d'obtenir.

7. Ce qui n'est point nuisible à l'Etat, ne nuit pas non plus au citoyen.

8. Les dieux n'aiment point l'insolence.

9. Il y a beaucoup d'animaux qui n'ont point le sens de la vue, ni celui de l'ouïe, ni même de voix : telle est la famille des huitres.

10. Les biens de la vertu sont seuls durables.

11. Il y aussi des serpens de mer.

12. Mégalopolis est la plus moderne des villes, non seulement d'Arcadie, mais même de toute la Grèce.

13. Aristote dit que le pays d'Astypalœa est contraire aux serpens.

14. C'est d'après les instructions d'Apollon que les hommes ont bâti des villes.

15. Le plus souvent, la plus grande espérance inspire la plus grande ardeur pour entreprendre.

16. Le berger aime ses brebis.

17. Solon se rendit en Égypte auprès d'Amasis, et aussi à Sardes auprès de Crésus.

18. Le poivre est un fruit dont il y a deux espèces, l'une ronde et l'autre oblongue.

~~~~~~

§ 24.

TERMINAISON ΗΤΕ.

1. Pélée tua Eurytion sans le vouloir.

2. Patrocle, fils de Ménétius, apprit la médecine sous Achille; et Achille, fils de Pélée, l'avait apprise sous Chiron, fils de Saturne.

3. Le potier en veut au potier, le charpentier au charpentier, le pauvre porte envie au pauvre, et le poète au poète.

4. Pélias régna à Iolcos après Créthée.

5. Les Ioniens et les Éoliens envoyèrent à Sardes des députés à Cyrus.

6. Les poètes ne sont rien autre chose que les interprètes des dieux.

7. Les Mégariens étaient un peuple mesquin et peu libéral.

8. Céphallénie est située en face de l'Acarnanie et de Leucade; elle renferme quatre cités, celle des Palliens, celle des Craniens, celle des Saméens, et celle des Pronéens.

9. Carnéade disait que les fils des riches et des rois appren-

nent seulement à monter à cheval , et qu'ils n'apprennent bien rien autre chose.

10. Les Héraclides étaient parens des rois d'Étolie.

11. Les Perses croient que les ingrats négligent en général les dieux , leurs parens , leur patrie et leurs amis.

12. Respecte tes parens et oblige tes amis.

13. Polygnote de Thasos et Denis de Colophon étaient peintres.

14. Nous tressons une couronne au roi des Dieux.

15. Celui-là a puni le perfide Égysthe meurtrier de son père.

16. Les rois sont rois par Jupiter.

§§ 25 et 26.

TERMINAISONS ΥΣ ET Υ.

1. Ctésias rapporte qu'il n'y a dans l'Inde ni sanglier ni porc, et il dit quelque part que les moutons de ce pays ont la queue large d'une coudée.

2. Les Athéniens relevèrent les murs de leur ville.

3. Bion, toutes les cités illustres, toutes les villes te pleurent.

4. Tu parviendras dans l'île aux trois promontoires , où paissent en grand nombre les génisses du soleil et ses grasses brebis , sept troupeaux de bœufs et autant de troupeaux de brebis à la belle toison.

---

1. La prudence , c'est la force, le rempart, l'arme du sage.

2. Les porcs connaissent la voix du porcher.

3. Ce qui rend le corps propre aux exercices gymnastiques, c'est la réunion de la grandeur, de la force et de la vitesse.

4. Le serpent est ennemi de la belette et du porc.

5. C'est Mercure qui fabriqua le premier une lyre harmonieuse.

6. On dit que dans les Indes il n'y a ni porc ni sanglier.

7. C'est surtout avant le lever du soleil et après son coucher que les poissons se laissent prendre.

8. La mollaine fait mourir les poissons.

9. On fait dans certains pays de la colle avec les poissons.

10. Les Ichtyophages font quelque fois rôtir les poissons dans des fours, mais la plupart du temps ils les mangent crus.

11. Le fruit du frêne engraisse les porcs.

12. Les Mégariens frottèrent des porcs avec de la poix froide, leur mirent le feu sous le ventre, et les lâchèrent sur leurs ennemis.

§ 27.

TERMINAISONS ΩΣ ET Ω.

1. Tithon fut enlevé par l'Aurore au trône d'or.

2. L'auguste Latone se réjouit d'avoir donné le jour à un fils puissant, armé d'un carquois.

3. Bacchus fut nourri et élevé par Ino.

4. Salut, heureuse Latone, toi qui as donné le jour à de beaux enfans, au puissant Apollon, et à Diane qui se plaît à lancer des flèches.

5. La beauté est naturellement quelque chose de royal quand elle est accompagnée de la pudeur et de la sagesse.

6. A Delphes, on révère le serpent pythien.

7. On dit qu'Io fut changée de femme en génisse.

8. Dans l'intérieur des pyramides d'Égypte, une seule voix produit en se brisant quatre et même cinq voix distinctes.

§ 28.

TERMINAISON ΑΣ.

1. Les différens âges sont la jeunesse, la maturité et la vieillesse.

2. La bonne constitution dans les enfans est le fondement d'une heureuse vieillesse.

3. La force est chose bien désirable, mais aussi bien facile à perdre par la maladie et la vieillesse.

4. Il est pénible de supporter la pauvreté et la vieillesse.

5. La chair des outardes est agréable.

6. Chez les Mysiens, les bœufs traînent des fardeaux et n'ont point de cornes.

7. Aglaïs mangeait à un seul repas douze mines de viande, quatre chénices de blé et buvait un conge de vin.

8. Le cheval aime mieux l'orge et le foin que la chair humaine.

9. Les bœufs d'Erythrée remuent les cornes comme les oreilles.

10. La chair et le lait du chameau sont très agréables.

~~~~~~~~~~~~~~~~~~~~~~~~~~~~~~~~~~~~~~~

§ 29.

NOMS EN HP QUI PERDENT E A CERTAINS CAS.

1. Le travail, dit-on, est père de la gloire.

2. Reste, ô mon père, reste dans tes foyers, avec tes enfans.

3. Actor eut pour père Phorbas, fils de Lapithus, et pour mère Hysmine, fille d'Épéus.

4. Il suit Dieu, il obéit à son père.

5. Diogène disait que le ventre est la Charybde de la vie.

6. Cyrus tua le père de sa mère.

7. La fortune vous donne non seulement un prince, mais encore un bon père.

8. Les prières sont plutôt les filles de Thersite que de Jupiter.

9. Les enfans ne voient pas la laideur de leurs pères.

10. Danaüs distribue des poignards à ses filles.

11. Un général doit pourvoir à la subsistance non seulement des hommes, mais encore des chevaux.

12. Bion chanta la belle fille de Tyndare.

13. Je vais chanter Cérès à la belle chevelure, auguste
divinité, et sa fille, la belle Proserpine.

---

1. L'oisiveté ne mena jamais à la gloire.

2. Les présens du méchant ne sont pas utiles.

3. Cyrnus, ne mets jamais trop de confiance dans tes rapports avec le méchant.

4. On honore l'homme riche, et l'on méprise le pauvre.

5. Une ville, ce sont des citoyens, et non des murailles
ou des vaisseaux sans hommes.

6. La bonne foi, cette grande déesse, a disparu, ainsi que
la sagesse, des hommes ; les Grâces aussi, ô mon ami,
ont quitté la terre.

7. Il n'est point d'alliance fidèle entre les lions et les hommes.

8. Diogène disait que les hommes vertueux sont les images
des Dieux.

§ 30.

DES ADJECTIFS.

I.

MASCULIN ET NEUTRE.

1. Socrate était sage et juste.

2. Il n'y a sans l'ordre du destin ni richesse, ni pauvreté,
ni perversité, ni vertu.

3. L'œuf d'un mauvais corbeau est mauvais (c'est-à-dire
tel père, tel fils).

4. Certes, il est beau de châtier les méchans.

5. Le poète est je ne sais quoi de léger, d'ailé, de sacré.

6. Plutus, la plus belle et la plus aimable des divinités,
avec toi, je suis le meilleur des hommes ; en fussé-je le plus
pervers.

7. Thalès était de Milet et d'une famille distinguée.

8. La rate de l'homme est étroite et longue comme celle du porc.

9. Pour le sage, c'est une honte de faillir.

10. La loi de Dieu ordonne à l'homme d'être bon.

---

1. Les rats d'Égypte ont le poil raide à peu près comme les hérissons de terre.

2. Les paons sont consacrés à Junon.

3. Trace sur l'eau le serment des méchans.

4. Les belles choses sont difficiles.

5. Ce qui dans le monde reçoit tant d'hommages est vide, mesquin, périssable.

6. L'envie, c'est le chagrin qu'inspire le bonheur des autres.

7. Les historiens disent que les Indiens rendent un culte à Jupiter Pluvieux, au fleuve du Gange et aux dieux indigènes.

8. Souvent une grande et vive affection jette un voile sur les fautes de nos amis.

---

1. Zeuxis a peint une femelle d'hippocentaure allaitant deux petits hippocentaures tout jeunes.

FÉMININ.

1. La langue est un morceau de chair molle et spongieuse.

2. Un langage sincère et droit est l'image d'une ame belle et franche.

3. L'instruction est de tous nos biens le seul qui soit impérissable et divin; et les deux choses essentielles dans la nature humaine, c'est l'intelligence et la parole.

4. Le grand roi peut seul porter la tiare droite sur la tête.

5. Les tortues marines sont semblables en tout aux tortues de terre, à l'exception de la grosseur et des pates.

6. Mégasthène conseille de se défier des anciennes histoires sur les Indes.

7. Les récits sur l'Inde disent qu'il y a dans l'Inde des colombes de couleur jaunâtre.

8. O les meilleures des filles, il faut supporter avec courage ce qui vient des Dieux.

———

1. L'estomac de l'homme est semblable à celui du chien.

2. Il ne faut pas peu de réflexion pour choisir des principes de conduite et des guides.

3. Préfère une honnête pauvreté à une opulence injuste.

4. Mauvaise nature n'est pas chose facile à changer.

5. Le lion a la tête très forte.

§ 31.

1. La Béotie confine à l'Attique.

2. La rhétorique est utile.

3. L'ordre est chose belle et utile ; le désordre au contraire est chose laide et nuisible.

4. Les plaisirs sont périssables, et les vertus impérissables.

§ 32.

1. Le temple de Delphes était rempli de dépouilles et de butin fait par les Grecs.

2. Un sol gras et profond produit du blé ; un sol léger produit plutôt de l'orge.

3. Il n'y a que l'ambition qui ne vieillisse pas.

4. Attends la mort avec calme.

5. Prie les Dieux que le temps te soit toujours favorable.

6. Nicocréon de Chypre avait un cerf à quatre cornes.

7. Les petits des éperviers sont gras et ont une chair très savoureuse.

8. Il y avait dans le temple de Jupiter protecteur de la ville des moutons à trois et à quatre cornes.

9. L'Inde produit, dit-on, des chevaux à une corne, et nourrit des ânes qui ont aussi une corne.

II.

§ 33.

1. Ne sois ni bavard ni trop agissant.

2. Puissé-je être heureux et cher aux Dieux immortels !

3. Ce n'est pas la lionne, mais le lion qui a une crinière.

4. J'aime mieux être ignorant que savant dans le mal.

5. Quelle est l'ame habile et savante ? — Celle qui connaît le commencement et la fin.

6. Quel bonheur n'est point désagréable sans amis ?

7. On méprise la folie.

8. Malheureuse Hélène, pour toi, pour ton hymen, les Atrides et leurs enfans ont à soutenir une lutte terrible.

9. Pour qui n'est point dépourvu d'esprit, pour qui a prudence et raison, rien dans la vie n'arrive à l'improviste.

10. Pourquoi l'ignorant, l'homme incapable troublent-ils l'homme habile et savant ?

11. C'est dans le feu que les hommes habiles éprouvent l'or et l'argent, et c'est dans le vin que se révèle l'esprit de l'homme.

12. Les hommes faits sont prudens avec courage, et courageux avec prudence.

13. Les choses divines sont pour les mortels sages un sujet de crainte.

§ 34.

1. Tu dois préférer de beaucoup un ami déclaré à une richesse cachée et que tu gardes enfouie.

2. Le temps est un dieu bienveillant.

3. Une franchise loyale et constante est une grande vertu.

4. Le renard est un animal petit et faible.

5. Il y a une espèce de parenté entre la vie et la peine.

6. Il n'y a point d'animal plus audacieux que l'homme impudent.

7. L'homme bien né doit supporter le malheur avec courage.

8. L'homme bien né ne doit jamais avoir le mensonge à la bouche.

9. Les chiens indiens sont vigoureux, grands et légers à la course.

10. Du vin et des enfans sort la vérité.

11. Toute la terre est le tombeau des hommes illustres.

12. Tu dis la vérité, Socrate.

~~~~~~

III.

§ 35.

1. Tout méchant n'est point voleur, mais tout voleur est méchant.

2. Tout l'or qui est sur la terre et dans la terre ne vaut pas la vertu.

3. Toute la terre est accessible au sage.

4. Du Chaos sont nés et l'Erèbe et la Nuit ténébreuse.

5. Les oiseaux boivent peu.

6. Il est sage de se taire à propos, et un pareil silence est préférable à tout discours.

7. Le temps est le remède de toute douleur.

8. Sous toute pierre et sous toute motte de terre est un scorpion.

9. En Lybie, il n'y a ni sanglier, ni cerf, ni chèvre sauvage.

10. Pompilius, roi des Romains, passa toute sa vie en paix.

1. Tous les oiseaux et tous les poissons ont de la bile.

2. Il y a deux sortes d'ibis en Égypte : les uns sont blancs et les autres noirs.

3. Tout ne s'accomplit pas au gré de l'homme.

4. Chez les hommes noirs, comme les Éthiopiens et ceux de cette espèce, les dents sont blanches ainsi que les os; mais les ongles sont noirs comme toute la peau.

5. Tout n'est pas beau pour tous les hommes.

6. L'honnête homme fait du bien à tous ses amis.

1. Diane se plaît à lancer des flèches, à terrasser les bêtes sur les montagnes; elle se plaît au milieu des lyres, des chœurs, des cris perçans, des bois ombragés.

2. Puissant Apollon, qui portes un arc d'argent et lances au loin les traits, tu as des temples nombreux et des bois touffus.

3. La précieuse jeunesse est de courte durée, et semblable à un songe.

§ 36.

1. L'homme agile est fort.

2. Un court plaisir enfante souvent bien des chagrins.

3. Apprendre avec facilité est naturellement chose agréable pour tous les hommes.

4. Si ce qui est favorable à notre santé est un bien plus digne de notre préférence, un plus grand bien que ce qui est agréable, il faut dire aussi que la santé vaut mieux que le plaisir.

5. Hésiode dit qu'un bon commencement est la moitié du tout.

6. Les éponges de l'Hellespont sont rudes et serrées.

7. Les femelles des sangliers n'ont point de crocs saillans.

8. Les montagnes qui séparent Anticyre et Bulis sont escarpées et d'un accès difficile.

9. Les cornes du taureau sont plus fortes que celles de la vache.

10. La crainte gâte tous les plaisirs.

11. Les guêpes naissent surtout dans les temps d'une chaleur sèche et dans les pays escarpés.

12. On connaît l'âge du chien par les dents ; jeune, il les a blanches et pointues ; plus vieux, il les a noires et obtuses.

13. Il faut mener les jeunes chiens à la chasse : les femelles à huit mois, les mâles à dix.

§ 37.

1. La moisson est grande, mais il y a peu d'ouvriers.

2. Tout ce qui est excessif est ennemi de la nature.

3. Les Barbares s'avancent en désordre et avec un grand tumulte, semblables à des grues.

4. Le rossignol ne se montre pas long-temps.

5. Les oreilles et les yeux du roi sont en grand nombre.

6. Un petit nombre de braves vaut mieux que beaucoup de lâches.

7. Le temps, dans sa longue durée, présente bien des vicissitudes.

8. Les lions vivent pendant longues années.

9. Il est un temps pour les longs discours, un temps pour le sommeil.

10. La terre fertile portait d'elle-même des fruits nombreux et abondans.

---

1. Le temps, dans sa longue durée, dessèche tout.

2. Plais à ceux dont le pouvoir est grand.

3. Le retard est un grand mal en amitié.

4. Un fils trouve un puissant rempart dans son père.

5. Les yeux sont ou grands ou petits ; ceux d'une grandeur moyenne sont les meilleurs.

6. Les désirs des jeunes gens sont vifs, mais n'ont pas de durée : ils ressemblent à la soif et à la faim des malades.

7. A qui fait de grandes choses il est difficile de plaire à tous.

8. J'entends dire qu'il existe dans le pays des Caspiens un grand lac qui contient de grands poissons.

9. Jupiter fut, Jupiter est, Jupiter sera ; ô grand Jupiter !

§ 38.

COMPARATIFS ET SUPERLATIFS.

I.

1. Rien n'est plus précieux que la vie.

2. Les Dieux doivent être plus sages que les mortels.

3. Un tyran est de tous les hommes celui qui a le moins d'amis.

4. Les araignées les plus belles et les plus lestes montrent plus d'industrie dans leur manière de vivre.

5. Sors de toutes les charges publiques non avec plus de richesses, mais avec plus de gloire.

6. Les chèvres supportent plus difficilement le froid que les brebis.

7. Les serpens sont les plus friands des animaux.

8. On dit que les ramiers sont les plus chastes des oiseaux.

9. Rien n'est plus bienveillant qu'une mère.

10. Plaire à beaucoup de gens est la chose du monde la plus difficile.

11. Les lièvres des montagnes sont les plus agiles.

12. L'homme a le sang le plus pur et le plus délié. Le

taureau et l'âne sont ceux des vivipares qui l'ont le plus épais et le plus noir.

13. La voix du chien devient plus grave à mesure qu'il vieillit.

14. Hipparque, fils de Pisistrate, était l'aîné des fils de cet homme célèbre, et le plus sage des Athéniens.

15. L'abeille trouve naturellement dans les fleurs les plus âpres, dans les buissons les plus hérissés d'épines, le miel le plus doux et le plus utile.

~~~~~~

II.

§ 39.

1. Les méchans sont quelquefois plus heureux que les hommes vertueux.

2. Ne me parle pas de la richesse ; je n'admire point un dieu dont l'homme le plus pervers peut facilement se rendre maître.

3. Il n'est aucun bien plus beau qu'un ami.

4. Que tes conseils ne soient pas les plus agréables, mais les plus utiles.

5. Rien n'est plus dangereux qu'un mauvais conseil.

6. Une crainte commune réunit souvent les plus grands ennemis.

7. Il y a deux saisons particulièrement propres à la fabrication du miel, le printemps et l'automne ; mais le miel du printemps est plus doux, plus blanc, et en tout meilleur que celui de l'automne.

8. Muses, quel est pour vous le plus agréable des poètes ?

9. Il y a des vaches qui vivent vingt ans et au delà, quand elles sont bien constituées.

10. On cite une multitude de traits de douceur et de familiarité du dauphin.

11. Le hochèque est un oiseau un peu plus grand que le pinson.

12. Il n'y a pas de mal plus grand que l'anarchie.

13. La mort est regardée comme le plus sûr remède à nos maux.

14. Qu'y a-t-il de plus vieux ? Le temps. De plus grand ? Le monde. De plus sage ? La vérité. De plus beau ? La lumière. De plus commun ? La mort. De plus utile ? Dieu. De plus nuisible ? Le sort. De plus fort ? La fortune.

DÉCLINAISON DU COMPARATIF.

1. Ne fais pas plus de cas de tes enfans, de la vie, de quoi que ce soit, que de la justice.

2. Il croyait qu'en amitié la nature a plus d'empire que la loi ; le caractère, plus que la naissance, le choix, plus que l'obligation.

3. Les polypes qui suivent les côtes sont beaucoup plus grands que ceux qui habitent la haute mer.

4. Les êtres animés sont supérieurs aux êtres inanimés, et les êtres raisonnables, aux êtres animés.

5. Ne t'imagine pas que le soin et l'étude, si utiles d'ailleurs, n'aient pas le pouvoir de nous rendre plus vertueux et plus sages.

NOMS DE NOMBRE.

§ 40.

1. Dieu seul est sage, puissant et heureux.

2. Il n'est pour les mortels qu'une seule route qui conduise au bonheur.

3. Tout ce que tu vois n'est-il pas né d'une seule mère, de la terre ?

4. Malgré eux ils conviennent qu'il n'y a qu'un Dieu.

5. Le vautour pond un œuf ou deux au plus.

1. Il y a deux veines dans la poitrine.

2. En Égypte les hommes ont chacun deux habits, les femmes n'en ont qu'un.

3. L'ours peut marcher droit sur deux pieds pendant quelque temps.

4. Il est deux choses dont tu dois te souvenir, l'une, c'est que tout de toute éternité se ressemble et se reproduit comme par un mouvement circulaire et qu'il importe peu si ce sera dans cent ans, dans deux cents ans ou dans un temps infini qu'on reverra les mêmes objets; l'autre, c'est que l'homme qui a vécu le plus long-temps, comme celui qui meurt le plus vite, rejette la même dépouille.

5. Des deux écueils, l'un s'élève jusqu'au vaste ciel.

6. Que faut-il aux mortels de plus que ces deux choses : le blé, don de Cérès, et un vase plein d'eau?

7. Il y a des rats qui marchent sur deux pieds, parce qu'ils ont les pieds de derrière grands et ceux de devant petits.

---

1. A Athènes, devant l'entrée de la citadelle, sont les statues des trois Grâces (1).

2. Les trois mois de mars, avril et mai sont le temps du frai pour le plus grand nombre des poissons.

3. L'aigle pond trois œufs, et il n'en fait éclore que deux.

---

1. Il y a quatre sortes de gouvernemens, la démocratie, l'oligarchie, l'aristocratie, la monarchie.

2. Les périodes les plus courtes se composent de deux membres ; les plus longues, de quatre.

3. La place est divisée en quatre parties. Une d'elles est destinée aux enfans, une aux adolescens, une aux hommes faits, une autre enfin à ceux qui ont passé l'âge de porter les armes.

(1) Elles étaient l'ouvrage de Socrate.

§ 42.

1. L'alcyon pond environ cinq œufs.

2. La vie des abeilles est de six ans, quelques-unes même vivent sept ans.

3. Quelques anguilles vivent jusqu'à huit ans.

4. La pie pond environ neuf œufs.

5. Les petits du dauphin prennent un accroissement rapide : car, dans l'espace de dix ans, ils atteignent leur juste grandeur.

6. Les Perses sont divisés en douze tribus.

7. Le corps est dans toute sa vigueur de trente ans à trente-cinq ; l'esprit jusqu'à quarante-neuf ans.

8. La plus longue vie des chevaux est ordinairement de trente ans pour le mâle, de vingt-cinq pour la femelle, quoique l'on ait vu des jumens vivre jusqu'à quarante.

9. Le ramier vit, dit-on, quarante ans ; et la perdrix en vit plus de seize.

10. Solon fixe à soixante-dix ans le terme de la vie humaine.

11. Un seul Zopyre vaut mieux que cent Babylones.

12. L'éléphant vit trois cents ans, selon les uns, et deux cens, selon les autres.

13. Onésicrite prétend que les éléphans vivent jusqu'à trois cents ans.

14. Tisiphone reçois ces ombres : il y en a mille quatre.

15. Alexandre s'étant rendu maître de Suses, trouva dans le palais du roi quarante mille talens d'argent et d'autres richesses en objets travaillés pour une valeur incalculable.

16. Ce n'est qu'avec des peines incalculables qu'on parvient à la vertu.

§ 43.

1. C'est Solon qui le premier appela le trentième jour du mois, la vieille et la nouvelle lune.

2. Atalante la première frappa le dos du sanglier d'un coup de flèche, Amphiaraüs ensuite l'atteignit à l'œil.

3. Le lait du chameau est le plus clair, ensuite celui de la jument, puis celui de l'ânesse; le plus épais est celui de la vache.

4. Il est des auteurs qui admettent cinq Minerves, la première est celle que la hache de Vulcain mit au jour, la protectrice d'Athènes; la seconde, la fille du Nil, l'Égyptienne; la troisième, la fille de Saturne, qui inventa la guerre; la quatrième, la fille de Jupiter, que les Messéniens appellent Coryphasie, du nom de sa mère; et enfin la fille de Pallante et de Titanide, fille elle-même de l'Océan.

5. Outre les quatre élémens il existe une cinquième substance de laquelle ont été créés le ciel et les astres.

6. Solon florissait vers la quarante-sixième olympiade, dans la troisième année de laquelle il fut archonte à Athènes.

7. Chilon fut éphore vers la cinquante-sixième olympiade.

8. Xénoclès et Euripide se disputèrent le prix de la tragédie dans la 91e olympiade.

9. Anaxarque florissait vers la 110e olympiade.

ADJECTIFS INDICATIFS OU DÉMONSTRATIFS.

§ 44.

I ET II.

1. Hector s'avance contre le vaillant Ajax; tous deux combattent autour d'un navire; mais ils ne peuvent, l'un, vaincre son ennemi et embraser la flotte, l'autre, repousser son adversaire.

2.

2. Les Troyens à grands cris se répandent dans la plaine, et triomphent des Grecs dans ce combat.

3. Darius envoya à Idanthyrse, roi des Scythes, un cavalier qui lui parla en ces termes.

III.

1. Personne, Cyrnus, n'est pour soi-même cause de malheur ou de gain.

2. Il n'est pas qu'une seule cause de mort, et cette cause n'est pas la même pour tous les hommes.

3. Jupiter et Chiron étaient frères. Ils avaient le même père; mais l'un avait pour mère Rhéa et l'autre la nymphe Naïs.

4. Il y a dans le Pont-Euxin une île, vers l'embouchure du Danube, consacrée à Achille : on l'appelle Leucé; elle a vingt stades de circuit, est couverte tout entière de bois épais et remplie d'animaux sauvages et privés. Dans cette île est un temple consacré à Achille.

5. Les fèves sont sacrées, et leur nature a quelque chose d'admirable.

6. Il est des Dieux, et ils s'inquiètent des choses humaines.

7. Dans leur jeunesse Socrate les (1) rendit sages.

8. Pour moi je pense que si Dieu leur eût proposé à tous deux ou de vivre toute leur vie, comme ils voyaient vivre Socrate, ou de mourir, ils auraient tous deux préféré la mort.

9. Les vieillards sont enclins à la pitié, mais non par les mêmes motifs que les jeunes gens ; ceux-ci sont compatissans par humanité, les vieillards, à cause de leur faiblesse.

10. Que tes jugemens soient toujours les mêmes dans les causes de même nature.

11. Être vertueux et être philosophe, c'est une seule et même chose.

IV.
§ 45.

1. Comment peut être bon celui qui n'est point sévère pour les méchans ?

(1) Il s'agit d'Alcibiade et de Critias.

2. Quel est donc ce chemin qui conduit à la véritable instruction ?

3. Tout ce qui a un mal pour son contraire, est un bien.

4. Les plaisirs sont un bien, quand ils s'accordent avec l'honnêteté ; ils deviennent un mal, dès qu'ils s'en écartent.

5. Il faut faire le plus grand cas de la justice et se garder d'en enfreindre les lois.

6. Les chiens sont sujets à trois maladies, la rage, l'esquinancie et la goutte.

7. Il faut éloigner les enfans de la société des hommes pervers ; car ils subissent toujours l'influence de leur perversité.

8. Pensez que ce qui vous convient surtout, c'est la décence, la modestie, la justice, la modération : car c'est en toutes ces choses que paraît consister le mérite des jeunes gens.

9. Ces deux hommes étaient naturellement les plus ambitieux de tous les Athéniens.

10. Il est des écrivains qui comptent trois Jupiter, l'un fils de l'Ether, en Arcadie, les deux autres, fils de Saturne, et de ces deux derniers, le premier en Crète, l'autre également en Arcadie.

V.

1. Tu n'es pas le fils d'Achille, tu es Achille lui-même.

2. Il y a deux espèces d'alouettes ; les unes marchent sur la terre et ont une crête ; les autres vont en troupe et non isolément comme les premières.

3. Accoutume-toi à avoir, non point un air sombre, mais un air réfléchi. Par l'un tu passeras pour un insolent, par l'autre pour un homme sage.

VI et VII.
§§ 46 et 47.

1. Ni les chevaux, ni les chiens, ni les hommes, ni quelques êtres que ce soit dont le soin nous est confié, nous ne pourrons les bien gouverner, si nous ne les aimons.

2. On trouve quelque plaisir dans la tristesse et dans les larmes.

3. Il faut que les leçons d'un sage soient des leçons de sagesse.

4. Parmi les abeilles il en est d'inactives.

5. Qu'y a-t-il de plus cher pour l'homme que le sol de sa patrie ?

6. Quel éloge est plus agréable que celui qui vient d'un ami ?

7. Que fait un tel ?

ADJECTIF CONJONCTIF.

§ 48.

1. Qui ne pourrait facilement louer la haute naissance de Busiris ? Son père était Neptune et sa mère Libye, petite-fille de Jupiter par Epaphus.

2. Ce qu'est pour un vaisseau le pilote, pour un char le cocher, pour un chœur le choryphée, pour un État la loi, pour une armée le général, voilà ce qu'est Dieu pour le monde.

3. Inachus, qui donna son nom au fleuve qui passe à Argos, était fils de l'Océan et de Téthys.

4. Heureux celui qui possède des enfans chéris, des coursiers agiles, des chiens dressés pour la chasse et des hôtes sur la terre étrangère.

5. Cadmus ayant épousé une femme de la race des Amazones nommée Sphinx, se rendit à Thèbes, et ayant tué le dragon, reçut le sceptre de cette ville.

6. Dans le Pont, il y a des abeilles très blanches, qui donnent du miel deux fois par mois.

7. Les pierres que Deucalion jetait se changeaient en hommes, celles que jetait Pyrrha se changeaient en femmes.

8. Ce qu'il est honteux de faire, crois qu'il est également honteux de le dire.

§ 49.

1. Trois fois malheureux celui qui étant pauvre se marie.

2. Je hais le prétendu sage qui ne sait pas être sage pour lui-même.

3. Fuyez la volupté qui entraîne la douleur après elle.

4. Quelque chose que vous deviez dire, réfléchissez-y auparavant ; bien des gens parlent avant de réfléchir.

PRONOMS.

§ 50.

PREMIÈRE PERSONNE.

1. Cyrnus, marche au milieu de la route, comme moi.

2. Il me commande à moi, et moi je commande aux autres.

3. A quoi me sert-il de vivre ? je n'ai point de patrie, point de demeure, aucun remède à mes maux.

4. Je possède maintenant ce que la nature commune veut que je possède, et je fais ce que ma nature veut que je fasse en ce moment.

5. Nous avons en nous une ame, un être immortel dans un être mortel.

6. La terre est notre nourrice et notre mère.

7. L'instruction est de tous nos biens le seul immortel et le seul divin.

8. Le métier de brigand est chez nous contraire aux lois et à la justice, mais chez beaucoup de peuples barbares il n'a rien d'inconvenant.

9. Généreux Teucer, il nous est ravi, notre fidèle compagnon, le fils de Mastor, venu des rivages de Cythère dans notre demeure, lui que nous honorions à l'égal de nos parens chéris.

10. La nuit du trépas s'est répandue sur nos yeux.

SECONDE PERSONNE.

1. O Jupiter, quel homme prétend être plus sage que toi ?

2. Je ne m'étonne pas que tu refuses de te fier à la fortune.

3. O nature, tout vient de toi, tout est en toi, et tout retourne en toi.

4. J'aime à vous entendre, vous autres sages.

5. Braves Ajax, vous sauverez l'armée des Grecs en vous rappelant votre valeur.

6. Puisse une divinité vous inspirer à tous deux de résister vous-mêmes avec force et de rassembler vos soldats !

7. Votre gloire vivra toujours sur la terre, héros chéris, Harmodius et Aristogiton.

8. O mes enfans, mes enfans, votre mère n'est plus, non, elle n'est plus !

§ 51.

PRONOM RÉFLÉCHI DE LA TROISIÈME PERSONNE.

1. Celui qui nuit aux autres, se nuit à lui-même.

2. Privés qu'ils étaient d'Alexandre, tout leur paraissait impraticable et impossible.

3. Sciron précipitait dans la mer tous les étrangers qu'il rencontrait.

4. Le fils de Jupiter, celui qu'enfanta la blonde Latone, les immola tous les deux, avant que sous leurs tempes fleurit un tendre duvet.

5. Zopyre avait acquis un grand crédit chez les Babyloniens, et avait été élu chef de l'armée et gardien des remparts.

6. Ils ignorent entièrement la mort qui les menace.

§ 53.

PRONOMS COMPOSÉS.

1. Je m'aime plus moi-même que je ne les hais.
2. Sois doux pour les tiens.
3. Nous nous souvenions que nous sommes mortels.
4. Minerve seule est née du cerveau de Jupiter.
5. Quelqu'un se trompe-t-il, c'est sur lui-même que retombe son erreur.
6. Un aigle, élevé par un simple citoyen, voyant brûler son maître après sa mort, se jeta dans le bûcher.
7. Les rois doivent s'appliquer à former leur esprit, encore plus que les athlètes à exercer leur corps.
8. Après la mort de Méléagre, Althée et Cléopâtre se pendirent.
9. Aux Apaturies, les pères de famille et leurs parens se réunissent.
10. Eux-mêmes se rendirent indignes de leur bonheur.
11. Pense qu'en chérissant l'existence, tu montres ton affection pour nous tous.
12. Quiconque boit outre mesure, n'est plus maître ni de sa langue ni de son esprit.

ADJECTIFS PRONOMINAUX POSSESSIFS.

§ 54.

1. Aucun prophète n'est bien reçu dans son pays.
2. Celui qui travaille mérite sa récompense.
3. Cette pensée ne m'appartient pas, c'est un axiome des sages, que rien ne peut résister à la cruelle nécessité.

2..

4. Je ne reconnais pour mes maîtres que Jupiter, de qui je tire mon origine, et Hestia, la reine des Scythes.

5. Toute la terre est à moi.

6. Veux-tu que je t'adresse d'agréables mensonges ou de dures vérités ? Réponds ; cela dépend de toi.

7. Ulysse ne sera plus long-temps éloigné de ses amis.

8. Allons, raconte promptement ton origine.

9. Rien ne nous appartient plus en propre que nous-mêmes.

10. Comptez moins sur mon indulgence que sur votre vertu.

11. Ils fuient tellement la vérité dans les affaires, qu'ils ne connaissent même pas les leurs.

12. Nous autres hommes, pleins d'ignorance, nous nous livrons à de vaines pensées. Mais les Dieux accomplissent tout selon leur sagesse.

13. Arrête ici ton navire pour écouter notre voix.

LIVRE DEUXIÈME.

CHAPITRE II.

DU VERBE.

VERBE SUBSTANTIF.

§ 64.

PRÉSENT.

1. Parmi les fous, je suis fou à l'excès ; mais parmi les sages, je suis le plus sage des hommes.

2. De quel pays es-tu ? — De tout pays. — Que veux-tu dire ? — Tu vois en moi un citoyen du monde.

3. Le Parnasse a deux sommets.

4. L'instruction est un bien qu'on ne peut enlever aux mortels.

5. Si l'intelligence nous est commune à tous, la raison, qui fait de nous des êtres raisonnables, l'est aussi.

6. Grecs, vous êtes toujours enfans ; il n'existe pas de vieillard grec.

7. Un bon roi a autant d'yeux que d'amis.

8. Tout le monde est parent de l'homme heureux.

9. Laissez-vous persuader ; vous êtes l'un et l'autre plus jeunes que moi.

10. Ces deux étrangers sont habiles l'un et l'autre, et de

mes amis; mais ils sont plus faibles et plus timides qu'il
ne convient de l'être.

1. Ne pare pas ton visage; sois beau par tes qualités.

2. Si quelqu'un ne nourrit pas ses parens, qu'il soit noté
d'infamie.

3. Amis, soyez hommes.

4. Les chiens (de chasse) doivent être courageux, avoir de
bons pieds et le poil épais.

1. Je vois en vous ma patrie, mes amis, mes alliés, et
partout où je serai avec vous je puis attendre de la
gloire.

2. Lors même que tu serais seul, ne dis rien, ne fais rien
de mal.

3. Dans les grands vents, les abeilles portent sur elles une
petite pierre pour se lester.

4. Tout homme, fût-il même esclave, aime à voir la lumière du jour.

5. Les plus belles éponges sont celles qui se trouvent auprès
des rivages quand elles touchent au fond.

1. Puissé-je être laid, plutôt que d'être beau étant vicieux.

2. Hygiée, sois toujours ma compagne propice!

3. Que jamais personne ne soit mon ami de bouche seulement, mais bien de fait.

1. Il est du devoir d'un homme de bien d'être toujours
agissant.

2. D'après le témoignage de Ctésias, sur lequel il ne faut
cependant pas trop compter, il n'y a point dans l'Inde de
porc ni domestique, ni sauvage.

3. Ce que vous dites en ma présence, pensez-le en mon
absence.

4. Ils sont amis de nom, mais non pas de fait, ceux qui
ne sont pas amis dans le malheur.

5. Les habitans de Paros comblèrent d'honneurs Archiloque, quoiqu'il aimât à médire; ceux de Chio, Homère, quoiqu'il ne fût pas leur compatriote; les Mityléniens, Sapho, quoiqu'elle ne fût qu'une femme.

6. La mort et la vie, l'honneur et le déshonneur, la peine et le plaisir, la richesse et la pauvreté, toutes ces choses arrivent également aux bons et aux méchans, n'étant par elles-mêmes ni belles ni honteuses.

7. De toutes les choses, les unes dépendent de nous, les autres n'en dépendent pas.

IMPARFAIT.

1. Mélampe était un excellent devin.

2. Alexandre avait seize ans, quand Philippe fit son expédition contre Byzance.

3. Et nous aussi, nous étions autrefois insensés, incrédules, égarés, esclaves des plaisirs et de mille passions.

4. Dites à la vanité : Adieu, vains songes, vous n'étiez qu'une chimère.

5. Les Milésiens furent braves autrefois.

6. Tous deux avaient des cheveux couleur de feu; tous deux étaient à la fleur de l'âge.

7. Je sais qu'ils furent sages, tant qu'ils vécurent dans l'intimité de Socrate.

FUTUR.

1. Dieu dit : Je serai pour eux miséricordieux.

2. Jeune homme, souviens-toi que tu seras un jour vieillard.

3. Nous pourrons donc faire impunément ce que les lois punissent de mort?

4. Si vous comprenez bien ce que je vous dis, vous deviendrez des hommes heureux et sages; sinon, privés de raison, de bonheur, de vertu et d'instruction, vous vivrez misérablement.

5. Les lois des Perses prenant les choses dans leur prin-

cipe, ont soin d'éloigner dès le commencement les citoyens de tout ce qui pourrait les porter à des actions coupables et honteuses.

6. Elle me prédit que je ne serais pas long-temps errant et malheureux.

7. Réjouis-toi, mon cœur, bientôt viendront d'autres hommes; et moi, mort, je ne serai plus que poussière.

8. Socrate se rendait de bonne heure aux promenades et dans les gymnases; et, à l'heure où le marché se remplit, il se montrait et restait tout le reste du jour là où il devait rencontrer le plus de monde.

9. Personne n'est envieux de ceux qui ont existé il y a dix mille ans, ni de ceux qui sont encore à venir.

10. Épiménide de Crète ne lisait pas dans l'avenir, mais tirait ses prédictions de certaines choses passées et inconnues.

———

1. Tu fus toujours un frère fidèle, un frère qui faisait ma gloire.

2. Il fut un temps où j'étais ce que tu es aujourd'hui; mais ce que je suis aujourd'hui, tu ne le seras jamais.

3. Que ton esprit soit toujours éveillé.

4. Sois libre et envisage les choses comme homme de cœur, comme créature humaine, comme citoyen, comme être mortel.

5. Ce n'est pas seulement par la science que les hommes deviennent vertueux et utiles à leur patrie, mais aussi par une raison droite. Or, de ces deux choses aucune n'est accordée à l'homme par la nature, ni une véritable science, ni une raison toujours droite.

CHAPITRE III.

DES VERBES ATTRIBUTIFS.

VERBES EN Ω.

VOIX ACTIVE.

§ 67.

PRÉSENT.

INDICATIF.

1. Les fourmis elles-mêmes, suivant ce que j'ai appris, ont une sorte de pressentiment de l'avenir.

2. Je crois que deux choses sont tout-à-fait contraires à une bonne délibération, la précipitation et la colère.

3. Tu te défies des plaisirs insensés comme des flatteurs, et tu supportes les travaux, les regardant comme une épreuve de la vertu.

4. Le temps calme la colère.

5. La biche rumine.

6. Une goutte d'eau qui tombe sans cesse finit par creuser la pierre.

7. L'or s'éprouve par le feu, et les amis se reconnaissent dans l'infortune.

8. Heureux les yeux qui voient ce que vous voyez.

9. Les bonnes mœurs produisent de bons fruits.

10. Les poules d'Adria sont petites de taille, mais pondent tous les jours ; elles sont colères et sujettes à tuer leurs poulets : on en voit de toutes couleurs.

11. Il est des choses sur lesquelles Homère et Hésiode s'expriment de la même manière.

IMPÉRATIF.

1. Mortel, ne garde point une haine immortelle.

2. Crois que la vertu doit inspirer plus de confiance qu'un serment.

3. Que ta langue ne devance pas ta pensée.

4. N'accablez pas les pauvres, ô jugés, la pauvreté est déjà un assez grand mal.

5. Que les poètes chantent l'hydre de Lerne et le combat d'Hercule.

6. O vous, héros, qui tenez tous deux le premier rang par votre amitié et par votre bravoure, salut, petit-fils d'Eaque; salut, fils de Ménétius.

SUBJONCTIF.

1. N'ai je donc été créé que pour me tenir bien chaudement étendu dans mon lit?

2. Sois maître de toi non moins que des autres hommes, et crois que la plus belle vertu d'un roi c'est de n'être l'esclave d'aucune passion.

3. Lorsque tu fais quelque chose de juste, aie bonne espérance, sachant que Dieu seconde les efforts louables.

4. La terre, qu'elle le veuille ou qu'elle s'y refuse, est contrainte de produire de l'herbe et d'engraisser mes bestiaux.

5. Un singe n'est qu'un singe, même lorsqu'il porte des ornemens d'or.

6. L'orgueil et les défauts qui en sont inséparables, l'arrogance et la présomption, évitons-les comme des sentimens qui ne conviennent qu'à une ame étroite.

7. Si vous ne prêtez qu'à ceux dont vous espérez recevoir autant, quel est votre mérite?

8. Les Lacédémoniens, quand ils font l'éloge d'un homme vertueux, disent de lui : C'était un homme divin!

OPTATIF.

1. Puissé-je m'accoutumer à être compatissant et à supporter les événemens avec calme !

2. Hygiée, la plus respectable des divinités, laisse-moi habiter avec toi le reste de mon existence !

3. Dis-moi, Périclès, pourrais-tu m'apprendre ce que c'est que la loi ?

4. A qui plairait une cité sans lois ?

5. Si nous voulons réfléchir sur la nature des hommes, nous trouverons qu'ordinairement ce ne sont ni les alimens les plus sains, ni les exercices les plus honnêtes, ni les actions les plus belles, ni les sciences les plus utiles, qui plaisent davantage à la plupart d'entre eux, mais qu'on se crée des plaisirs entièrement contraires à ses intérêts, et qu'on se propose comme modèles d'activité et de courage ceux qui font toute autre chose que ce qu'ils devraient faire.

6. Gémissez avec moi, vallées et fontaines de la Sicile, et vous aussi, fleuves, pleurez l'aimable Bion !

7. Les aréopagites jugent pendant la nuit, au milieu des ténèbres, afin de ne pas faire attention aux personnes qui leur parlent, mais aux choses qui leur sont dites.

INFINITIF.

1. Je veux chanter les Atrides ; je veux aussi chanter Cadmus.

2. Propose-toi de juger selon la justice, et non selon tes intérêts.

PARTICIPE.

1. Ce n'est point celui qui parle, mais celui qui écoute, qui doit régler le discours.

2. Jupiter, lui-même soit qu'il fasse tomber la pluie, soit qu'il la retienne, ne peut plaire à tout le monde.

3. Tous les morts ont coutume, je crois, de boire de l'eau du fleuve Léthé.

4. Il faut travailler pour être heureux.

5. Cette femme, qui tient un fouet, s'appelle *la Punition*; celle qui a la tête appuyée sur ses genoux, est *l'Affliction*, et celle qui s'arrache les cheveux, *la Douleur*.

6. Évite un plaisir qui enfante de la douleur.

7. Les frelons fabriquent leur ruche sous terre; ils creusent la terre comme les fourmis.

8. Ce n'est pas le sceptre d'or qui défend la royauté; les vrais amis sont pour les rois le sceptre le plus vrai et le plus sûr.

9. C'est le propre d'un homme de cœur, que de supporter avec courage les événemens qui lui arrivent.

IMPARFAIT.

RÈGLES DE L'AUGMENT.

1. Jadis on me vit avec une pesante corbeille sur les épaules, porter du poisson d'Argos à Tegée.

2. Cyrus passait les sept mois d'hiver à Babylone, parce que le climat de ce pays est chaud; les trois mois du printemps à Suses, et les deux mois où l'été est dans toute sa force, à Ecbatane. Et, en agissant ainsi, il se trouvait toujours dans la douce température et dans l'agréable fraîcheur du printemps.

3. Vivant, nous t'honorions à l'égal des Dieux.

4. Les Crétois voulaient que les enfans libres apprissent les lois, en les accompagnant d'une certaine mélodie, afin que le charme de la musique les gravât plus facilement dans leur mémoire.

5. Le milésien Leucippe et le chiote Métrodore ont admis, à ce qu'il paraît, deux principes, le plein et le vide.

6. Stratius et le divin Echéphron conduisaient la génisse par les cornes.

7. Les vents et le pilote dirigeaient le vaisseau.

8. Orphée ramenait les morts des enfers; Busiris, hâtant les destins, y précipitait les vivans.

9. Notre ville te plaisait plus qu'à tous les autres Athéniens.

10. Les sculpteurs, à Athènes, faisaient les Hermès à la ressemblance d'Alcibiade.

11. Cratès n'ayant pas de demeure à lui, passait les jours et les nuits sous les portiques publics d'Athènes.

12. Eole faisait conduire dans leur pays les étrangers qui étaient jetés sur ses côtes, tandis que Busiris les dévorait après les avoir immolés.

FUTUR.

1. Crésus, franchissant l'Halys, causera la ruine d'un grand empire.

2. Cet accident peut-il t'empêcher d'être juste, magnanime, tempérant, sage, ennemi du mensonge, modeste et libre?

3. Il est évident que Socrate n'aurait pas prédit s'il n'eût cru dire la vérité.

4. Les Lacédémoniens envoient en Crète Charmidas, fils d'Euthys, et l'un des principaux citoyens de Sparte, pour mettre un terme aux dissensions des Crétois.

AORISTE.

INDICATIF.

1. Les oreilles sont plus infidèles que les yeux ; j'écris donc ce que j'ai vu, et non ce que j'ai entendu dire.

2. J'entendis la voix plaintive de la fille de Priam, de Cassandre.

3. Tu n'as point cru à mes discours.

4. Cadmus de Sidon régna sur les Thébains.

5. Apollon devint mercenaire en Thessalie, chez Admète, et en Phrygie, chez Laomédon.

6. Il sonna de la trompette, et nous l'écoutâmes.

7. Les Chaldéens ont prédit la mort de beaucoup d'hommes, et ont fini eux-mêmes par subir leur destinée.

8. Erecthée, de l'Attique, et Marius, de Rome, ont tous deux immolé leur fille.

IMPÉRATIF.

1. Si tu veux être bon, crois d'abord que tu es mauvais.
2. Fiez-vous à moi si vous voulez être sages.

SUBJONCTIF.

1. Ne rendez jamais votre jugement, avant d'avoir entendu les deux parties.
2. Écoutez-moi, et ne vous bouchez pas les oreilles.
3. Prends soin du peuple, et fais que ton autorité soit agréable à tous, sachant que l'oligarchie et les autres gouvernemens qui se maintiennent le plus long-temps, sont ceux qui s'attachent le plus à ménager la multitude.

OPTATIF.

1. Avec les oreilles on ne peut entendre que ce qui est très près.
2. Les leçons que vous donnerez à vos enfans, mettez-les vous-mêmes en pratique.
3. On ne sacrifierait pas un porc à Sérapis, mais on le sacrifie à Hercule et à Esculape.

INFINITIF.

1. Il est difficile, ô Phanias, de détruire en peu de temps une ancienne habitude.

PARTICIPE.

1. Sésostris, après avoir régné trente-trois ans, quitta volontairement la vie, parce qu'il avait perdu la vue.
2. Celui qui n'a pas été esclave, ne saurait devenir un maître digne d'éloges.
3. J'aime mon père par dessus tous les mortels.
4. Busiris avait pour père Neptune, et pour mère Libye,

petite-fille de Jupiter par Épaphus, et la première femme, dit-on, qui ait régné et donné son nom à une contrée.

PARFAIT.

RÈGLES DU REDOUBLEMENT.

(V. §§ 65 et 66.)

1. O Jupiter, puissé-je ne pas exister, si je suis né méchant!

2. Une tête esclave n'est jamais droite, mais toujours courbée : son cou est toujours incliné.

3. Nous n'avons pas défendu de boire dans l'albâtre.

4. Vous avez ajouté foi à de vaines fables, en admettant que des animaux se laissaient charmer par la musique.

5. Voici comment les polypes dressent des embûches aux poissons : ils se postent sous des rochers, et en prennent tellement la couleur, qu'ils semblent en faire partie et être de la même nature.

6. Tu apprends la géométrie des Égyptiens, l'astronomie, des Babyloniens; les Assyriens t'ont transmis aussi beaucoup de connaissances.

7. Les Égyptiens croient que la truie est l'animal le plus odieux au soleil et à la lune.

8. Pour moi, l'homme juste est bien né; l'homme injuste, au contraire, eût-il reçu le jour d'un père plus illustre que Jupiter lui-même, est à mes yeux d'une basse naissance.

9. O Socrate, je me figurais que ceux qui se livrent à la philosophie devaient devenir plus heureux; mais tu me parais avoir retiré de la sagesse un résultat tout opposé.

10. Si nous supprimons la compassion pour les malheureux, nous porterons une loi bien dure contre nous-mêmes.

11. Sur le mont Ida, dans la Troade, dans un bois consacré à Apollon, les Grecs coupèrent des cormiers pour construire le cheval de bois.

12. Les artistes qui précédèrent Dédale fabriquaient leurs statues avec les yeux fermés, les bras pendans et appliqués sur les côtés.

PLUSQUE-PARFAIT.

1. Il fallait se garantir des serpens, cachés sous des herbes qui croissaient dans les sables ; ils faisaient périr tous ceux qu'ils mordaient.

2. Des frères, des oncles des triumvirs et de leurs officiers furent eux-mêmes compris dans la proscription ; c'étaient ceux à qui il était arrivé de les choquer, eux ou quelqu'un de leurs officiers.

~~~~~~

VOIX PASSIVE.

§ 78.

PRÉSENT.

INDICATIF.

1. Je souffre des malheurs d'un ami.

2. Tu donnes un miroir à un aveugle.

3. Jupiter seul est appelé le père et le roi des Dieux.

4. Pour moi, Antiphon, je trouve dans de bons amis autant et même plus de plaisir qu'un autre n'en trouve à un bon cheval, à un chien, à un oiseau.

5. La faim est un grand maître.

6. Plus les esclaves s'obstinent à nier leurs fautes et à contredire, plus ils sont punis sévèrement, tandis que nous nous calmons envers ceux qui reconnaissent qu'on les châtie avec raison.

7. Aimez-vous donc mieux l'argent qu'un ami fidèle et honnête ?

8. Le ramier et la colombe paraissent toute l'année ; on ne voit la tourterelle qu'en été, elle disparaît en hiver.

IMPÉRATIF

1. Tu es Dieu, reçois l'encens.

2. Ne mens pas.

3. Que celui qui veut combattre, se présente et combatte.

4. Ne cachez ni ce que vous possédez, ni ce que vous faites, ni ce que vous projetez de faire.

5. Combattez avec bonne espérance, comme il convient, comme il est ordinaire à des Romains.

6. O les plus vertueuses des filles, il faut supporter avec courage ce qui vient des Dieux; ne vous livrez pas à l'emportement de la douleur.

7. Prenez tous deux un peu de nourriture, et livrez-vous à la joie.

8. Qu'eux-mêmes se modèrent, c'est le parti qui pour eux est le plus sage.

SUBJONCTIF.

1. Revêtu de l'autorité et maître de faire tout ce que je voudrais, je me suis montré plus modéré qu'un simple particulier.

2. Parvenu au pouvoir, sois toujours doux et facile. Ne te fais pas craindre, mais montre-toi digne du respect de ceux qui t'approchent.

3. Lorsque Dieu veut témoigner sa bienveillance à une ville, il y fait naître des gens de bien.

4. Le Dieu attire l'ame des hommes où il veut.

5. Tous, nous sommes insensés, quand la colère nous transporte.

6. Soyez vous-mêmes les juges de vos actions : comptez qu'elles sont mauvaises, si vous désirez que je les ignore, et qu'elles sont bonnes, si, parvenues à ma connaissance, elles doivent me donner de vous une meilleure opinion.

7. Les fugitifs, bien que personne ne les poursuive, ont peur. Ceux qui sont faibles d'esprit se troublent, quoique la fortune les favorise.

OPTATIF.

1. Je voudrais que tu me dises la vérité, Ion.

2. J'aimerais mieux, simple cultivateur, servir un homme obscur, qui ne possèderait qu'un faible bien, que de régner sur toutes les ombres.

3. Que préférerais-tu, vivre déshonoré, ou mourir glorieusement et avec courage?

4. Térès, père de Sitalcès, disait que lorsqu'il était oisif et ne faisait pas la guerre, il ne croyait pas différer des palefreniers.

5. Ils voudraient que ceux qui gouvernent avant eux ou après eux gérassent mal les affaires de la république, pour que leur propre gloire en fût augmentée.

INFINITIF.

1. Socrate disait qu'il aimait mieux avoir pour ami Darius que l'argent frappé à l'effigie de Darius.

2. Une loi veut que les meurtriers soient châtiés.

PARTICIPE.

1. Je vieillis en apprenant toujours quelque chose.

2. Les Crétois sont adroits à tirer de l'arc ; de leurs flèches ils atteignent les chèvres qui paissent sur le haut des montagnes.

3. L'eau la plus legère est celle qui s'échauffe et se refroidit le plus vite.

IMPARFAIT.

1. Je suis cet Annibal qui, après la bataille de Cannes, maître de presque toute l'Italie, marchai bientôt contre Rome elle-même, et campé à quarante stades de cette ville, délibérais sur ce que je ferais de vous et du sol de votre patrie.

2. Je voudrais, disait Philippe en plaisantant, abandonner aux Athéniens Amphipolis en échange de l'éloquence de Démosthène.

3. Si tu achetais un médecin pour guérir tes maladies, ne te fierais-tu pas à lui?

4. Le Crotoniate Alcméon croyait que les astres étaient animés et étaient des dieux.

5. Junon poursuivit Latone par toute la terre.

6. De même que si le soleil n'existait pas, tout serait nuit pour les autres astres; de même, si nous ne connaissions pas le verbe, et si nous n'étions pas éclairés par lui, nous ne différerions pas des oiseaux domestiques qu'on engraisse dans les ténèbres et qu'on nourrit pour la mort.

7. Philippe, d'esclaves et de sujets que vous étiez, vous a faits les maîtres de ces mêmes barbares à la merci desquels vous étiez autrefois, vous et tout ce qui vous appartient.

8. Anciennement les poètes représentaient eux-mêmes leurs tragédies.

9. Les juments de Diomède étaient si farouches qu'elles avaient des râteliers d'airain; et telle était leur force qu'on les attachait avec des chaînes de fer.

10. Il a existé, je crois, deux statuaires Crétois, appelés Scylès et Dipœnus. C'est à eux que l'on doit les statues des Dioscures qui sont à Argos, la statue d'Hercule à Tirynthe, et celle de Diane, protectrice de Munychie à Sicyone.

FUTUR.

1. On ne met point le vin nouveau dans de vieux vaisseaux; parce que, si on le fait, le vin nouveau rompra les vaisseaux, le vin se répandra et les vaisseaux seront perdus.

2. Déliez, et vous serez déliés.

3. Agésilas conseillait à Xénophon de faire venir ses enfans à Lacédémone, pour les y élever et pour leur faire apprendre la plus belle des sciences : commander et obéir.

AORISTE.

1. Cyrus fut instruit dans les lois des Perses.

2. Un tyran demandait à Diogène quel serait le meilleur

airain pour une statue : celui dont on a fait Harmodius et Aristogiton, répondit le cynique.

3. Beaucoup de paralytiques et de boiteux furent guéris.

4. Moi je suis un homme soumis à des chefs; mais j'ai des soldats sous moi; je dis à l'un : Va là, et il y va; et à l'autre : Viens ici, et il y vient.

5. Toi qui veux être séparé des esclaves, commence par te délivrer de l'esclavage. Tu seras libre, quand tu auras secoué le joug des passions.

6. Les pourpres tirées de l'eau vivent environ cinquante jours.

7. Alexandre disait : Je ne saurais jamais me laisser gouverner par aucun homme.

8. Sans la concorde, une ville ne saurait être bien gouvernée, une maison bien administrée.

9. Ceux qui ont été long-temps dans les chaînes, même après qu'on les en a délivrés, chancellent et ne peuvent marcher, par suite de la longue contrainte à laquelle ils ont été soumis.

10. Homère dit que Pluton fut percé d'une flèche par Hercule.

11. Haïssez ceux qui flattent autant que ceux qui trompent; car les uns et les autres, quand on les écoute, font tort à ceux qui les croient.

12. Craignez de mourir tout entier; vous avez reçu un corps mortel et une ame immortelle; tâchez donc de laisser un souvenir impérissable de votre ame.

13. Épicure dit : La mort ne peut rien sur nous; car ce qui est dissous n'a plus de sentiment, et ce qui est privé de sentiment ne peut rien sur nous.

PARFAIT.

1. Jamais mon adversaire n'a secouru personne de sa bourse; et moi, j'ai délivré plusieurs d'entre vous de la captivité.

2. L'Égypte est regardée comme la plus humide de toutes les contrées, et la lune, comme la plus humide des planètes.

3. Ils ne sont instruits que par la loi.

4. Hyperoché et Laodicé (1) furent ensevelies dans l'Arté-misium, qui se trouve dans l'Hiéron d'Apollon, à Délos.

5. Osiris fut, dit-on, accompagné à la guerre par ses deux fils, Anubis et Macédon, tous deux remarquables par leur courage.

6. Nous n'avons ni villes, ni terres cultivées.

7. La pourpre est de la laine de brebis trempée dans le sang d'un coquillage.

8. Il passe pour constant qu'Alexandre, du côté paternel, des-cendait d'Hercule par Caranus, et que, par sa mère, il re-montait par Néoptolème jusqu'à Eaque.

PLUSQUE-PARFAIT.

1. La race des hommes pieux est détruite.

~~~~~~

§ 86.

VOIX MOYENNE.

FUTUR.

1. Si tu te rappelles les choses passées, tu deviendras meilleur pour l'avenir.

2. Celui qui ne sait point ce qui est utile pour ses propres affaires, sera un mauvais conseiller pour celle des autres.

3. Nous cesserons d'adresser des reproches aux événemens et de nous indigner contre eux, si nous voyons d'autres hommes les accueillir sans chagrin et même avec gaîté.

4. Apollon envoie Corax, son serviteur, puiser de l'eau.

AORISTE.

1. Socrate fit trois fois la guerre.

(1) C'étaient deux vierges envoyées par les Hyperboréens à Délos, pour y porter des offrandes. Voy. Hérodote, IV, 33.

3.

2. Le lieu dans lequel ils campèrent reçut d'eux le nom de Troie.

3. O Solon, prophétise la vérité.

4. Les iulides sont des poissons qui vivent dans les rochers; ils ont la bouche pleine de poison, et tout poisson auquel ils goûtent cesse par cela même d'être bon à manger.

5. Ne cessons pas de faire du bien aux mortels.

6. Quand il doit y avoir disette, les fourmis travaillent avec une ardeur surprenante à amasser et à serrer dans leurs magasins une provision de blé et de toutes les graines propres à leur nourriture.

7. Manger de la chair humaine est chez nous chose défendue, mais il y a des peuples entiers de barbares chez lesquels c'est chose indifférente.

8. Celui qui a bien cultivé un champ ne sait pas qui en recueillera les fruits; celui qui a construit avec soin une maison ne sait pas qui doit l'habiter.

9. Tout ce que prescrit l'autorité d'une ville après avoir délibéré sur ce qu'il convient de faire, s'appelle *loi*.

CHAPITRE IV.

DES VERBES CONTRACTES.

VERBES EN ΈΩ.

VOIX ACTIVE.

§ 89.

PRÉSENT.

INDICATIF.

1. J'aime un vieillard joyeux.
2. Je me tais sur ce que j'ignore.

3. D'une mouche tu fais un éléphant.

4. Le chameau est toujours en guerre avec le cheval.

5. Personne ne loue ce qui n'est pas utile.

6. Dans la plupart des actions de notre vie, ce n'est point pour les choses elles-mêmes que nous agissons, mais c'est par rapport à leurs suites que nous les entreprenons.

7. Vous n'adorez aucun homme comme votre maître, vous n'adorez que les Dieux.

8. Les abeilles semblent aimer le bruit.

9. Patrocle de Thurium et Sophocle le jeune retracèrent dans trois tragédies les aventures des Dioscures.

IMPÉRATIF.

1. Ne fréquente pas les méchans.

2. Qu'aucun de vous n'adore le soleil, mais qu'il désire connaître celui qui a fait le soleil, qu'il ne fasse pas un Dieu de l'univers, mais qu'il recherche le créateur de l'u-nivers.

3. Les Éphores de Lacédémone ayant appris que ceux qui occupaient Décélie avaient coutume de se promener le soir, leur envoyèrent dire : Ne vous promenez pas.

SUBJONCTIF.

1. Ne reste point oisif, quand même tu serais riche.

2. Plus on rend ses amis puissans, plus on devient puissant soi-même.

OPTATIF.

1. Puissé-je m'exercer à connaître ce qui est bien !

2. Puissé-je vaincre ma colère !

3. Puisses-tu être heureux et obtenir tout ce que tu désires !

4. Qui fera plus facilement la guerre, celui qui ne peut vivre qu'avec un grand luxe, ou celui qui se contente de ce qu'il a ?

INFINITIF.

1. Il ne veut pas paraître juste, mais l'être.

2. Puisque tu es homme, apprends à maîtriser ta colère.

PARTICIPE.

1. Fais ce que tu auras jugé être honnête, quoiqu'après l'avoir fait tu ne doives en retirer aucune gloire; car le vulgaire est un mauvais juge de tout ce qui est honnête.

2. L'eau, mêlée au vin, enlève au vin ce qu'il a de nuisible et lui laisse ce qu'il a d'utile.

3. Il n'est rien chez les mortels qui soit toujours heureux.

4. Nous croyons qu'il suffit d'être heureux pour être sage.

5. Les abeilles restent en repos et cessent de bourdonner pendant la nuit.

IMPARFAIT.

1. Socrate prenait soin de son corps, et blâmait ceux qui négligeaient le leur.

2. Orphée faisait mouvoir par ses chants les arbres et les rochers.

3. Les Sicaniens, dans le principe, habitaient par bourgades et bâtissaient leurs villes sur des collines inexpugnables, pour se mettre à l'abri des voleurs.

TEMPS NON CONTRACTÉS.

1. Beaucoup te haïront si tu t'aimes toi-même.

2. Personne ne s'est enrichi promptement, en demeurant fidèle aux lois de la justice.

3. Personne n'a trouvé le bonheur en renonçant à la justice; c'est dans la justice qu'est l'espoir du salut.

4. Crains de concevoir une haute opinion de toi-même, mais garde-toi aussi de te mépriser.

5. Les leçons que l'on adresse aux particuliers ne profitent

qu'à eux seuls. Porter les souverains à la vertu, c'est
être également utile à ceux qui ont en mains la puissance et à ceux qui leur sont soumis; c'est assurer en même
temps l'autorité des uns et rendre aux autres le joug du
pouvoir plus facile à porter.

6. Il est difficile de concevoir l'essence de Dieu, impossible de l'expliquer. En effet, une chose immatérielle ne peut
être représentée par une chose matérielle.

7. Homère, le plus savant des poètes, a parlé dans ses
poèmes de presque toutes les choses humaines.

8. Alexandre, fils de Philippe, n'accordait dans ses lettres
la formule χαίρειν (salut) qu'au seul Phocion, général des
Athéniens, tant celui-ci avait su gagner l'estime du Macé-
donien.

§ 90.

VOIX PASSIVE ET VOIX MOYENNE.

PRÉSENT.

1. On n'aime pas celui que l'on craint.

2. Le thos est un des amis de l'homme; il ne l'attaque pas
et ne le craint pas beaucoup.

3. Ne fais jamais ton ami d'un méchant.

4. Ne vous contentez pas de louer les gens de bien, imi-
tez-les.

5. Il faut louer et célébrer ceux qui, étant riches, secourent
les pauvres.

6. Si tu as la force en partage, agis avec douceur, afin
d'inspirer plus de respect que de crainte.

7. Aimez ceux qui vous aiment, afin que, si vous aimez,
vous soyez aimé.

8. Ce qui sauve les armées dans les dangers, ce qui leur
assure la victoire, c'est la crainte que les généraux inspirent aux soldats. Ceux qui ne craignent pas leurs chefs
craindront facilement l'ennemi.

9. Etranger, il convient de respecter les supplians des Dieux.

10. Celui qui est joyeux avec peu de fortune est heureux; celui qui est triste avec de grandes richesses est malheureux.

11. Toute colonie bien traitée révère sa métropole; elle s'en détache lorsqu'elle éprouve des injustices.

12. Considère ce que c'est que ton souffle : un vent qui n'est pas toujours le même, que l'on attire et rejette incessamment.

IMPARFAIT.

1. O sainte pudeur, plût aux Dieux que, sans cesse accompagnant les mortels, tu bannisses l'impudence de leurs cœurs !

2. Chrysippe de Soles vivait de peu; Cléanthe de moins encore.

3. Le cheval d'Alexandre avait été nommé Bucéphale, à cause de la largeur de son front : c'était un excellent cheval de guerre, et le seul dont il se servit dans les combats.

TEMPS NON CONTRACTES.

1. Ne médis jamais de ton prochain, sinon tu entendras des choses qui te seront désagréables.

2. Lorsque le mulet a peur, il cache sa tête; il croit qu'alors tout son corps est caché.

3. En cherchant à prendre, nous avons été pris.

4. La fortune n'a point donné les richesses aux riches, mais elle les leur a prêtées.

5. C'était un bruit généralement répandu, que Socrate prétendait recevoir des instructions de son Génie.

6. Les Athéniens, par la fréquence des secours qu'ils portèrent aux autres peuples, avaient acquis une grande expérience et une grande gloire dans les batailles navales.

7. L'accusateur dit : Critias et Alcibiade, qui ont été les disciples de Socrate, ont causé beaucoup de maux à la

...our moi, si ces deux citoyens ont fait du république...tends pas les justifier; mais je dirai quels mal, je n...s rapports avec Socrate. furent l...

8. A...ilas, en mourant, recommanda à ceux qui l'entou-r...nt de ne faire aucune statue, aucun portrait de lui : si j'ai fait, leur dit-il, quelques belles actions, elles me serviront de monument; sinon, toutes les statues possibles ne sauraient éterniser ma mémoire.

VERBES EN ÁΩ.

VOIX ACTIVE.

—

§ 91.

PRÉSENT.

INDICATIF.

1. Quelqu'un disait à Diogène : On me voit vaincre des hommes aux jeux Pythiens.—C'est moi qui suis vainqueur des hommes, répondit le philosophe; toi, tu ne terrasses que des esclaves.

2. Ne vois-tu pas que ce qui dure le plus, que ce qu'il y a de plus sage parmi les hommes, villes et peuples, est aussi ce qui a le plus de respect pour les Dieux, et que les âges les plus vertueux sont ceux où les Dieux sont le plus honorés?

3. Voyez quels fruits produit la vertu !

4. Un seul homme ne peut pas tout voir.

5. Nous voyons que les corps de ceux qui ont été foudroyés restent long-temps sans se corrompre.

6. Voyez-vous cette femme qui paraît aveugle? —Elle s'ap-pelle la *Fortune*.

7. Les thons vivent deux ans.

8. Les chiens de haute taille et mal proportionnés, dont les

3..

membres sont mal proportionnés, suivent facilement les traces du gibier.

IMPÉRATIF.

1. Tu ne dois ni entendre, ni voir ce qui est mal séant.

2. Honore les Dieux, respecte tes parens.

3. Que chacun honore le bien et la vérité, et déteste le mal et le mensonge ; car c'est à ces signes qu'on reconnaît la vertu et le vice.

SUBJONCTIF.

1. La meilleure preuve pour vous de la sagesse de votre gouvernement, sera de voir que par vos soins vos sujets sont devenus plus riches et plus sages.

2. Les autres hommes ne vivent que pour manger, semblables aux animaux privés de raison, dont toute la vie réside dans leur ventre ; mais nous, notre maître nous ordonne de ne manger que pour vivre.

3. Tous les soldats ont les yeux fixés sur vous. S'ils vous voient découragés, ils se montreront lâches ; mais s'il est évident que vous êtes préparés à résister aux ennemis, et que vous excitiez les autres, sachez qu'ils vous suivront et chercheront à vous imiter.

OPTATIF.

1. Faire du bien aux lâches, c'est prodiguer inutilement ses bienfaits, semblable à celui qui ensemencerait la mer écumante. Ensemence la mer, tu ne recueilleras pas une riche moisson ; fais du bien aux méchans, tu n'obtiendras pas de reconnaissance.

2. Qui pourrions-nous honorer de préférence, si ce n'est les citoyens qui sont couchés dans ce cercueil ?

3. Puissé-je n'aimer et ne désirer que la vertu seule !

4. Puisses-tu vivre plus long-temps que Jupiter !

5. Tu te feras surtout estimer, si l'on te voit ne point faire ce que tu reprendrais dans un autre.

6. Toute boisson lui était agréable, parce qu'il ne buvait que lorsqu'il avait soif.

7. O Polypède! tu trouveras peu d'amis qui se montreront fidèles dans le malheur, qui osent, animés d'une vive sympathie, partager également avec toi la bonne et la mauvaise fortune.

8. O mes enfans, contemplez avec joie cette lumière!

INFINITIF.

1. Taire la vérité, c'est enfouir de l'or.

2. En tout, les hommes veulent apercevoir le terme.

PARTICIPE.

1. Beaucoup de sommeil ne convient naturellement ni à nos corps ni à nos ames, ni aux actions qui s'y rapportent. En effet, quand on dort on n'a pas plus de valeur que si l'on ne vivait pas.

2. Quand une maison est vieille et prête à tomber en ruine, les souris sont les premières à s'en apercevoir. Alors, quittant leurs trous et leurs anciennes demeures, elles fuient à toute jambe et vont chercher un autre asile.

3. Ne pleure pas le sort de ceux qui meurent, leur fin est inévitable; plains plutôt ceux qui quittent la vie d'une manière honteuse.

4. Homère donne à tout le mouvement et la vie.

IMPARFAIT.

1. Les Abdéritains appelaient Démocrite *la Philosophie*, et Protagoras, *le Discours*. Et comme Démocrite riait sans cesse sur la folie des hommes, ses concitoyens le nommèrent aussi *le Rieur*.

2. Autrefois les rois faisaient la plupart et les plus importans des sacrifices; ils immolaient eux-mêmes les victimes avec les prêtres.

TEMPS NON CONTRACTES.

1. Quand les Muses, filles du grand Jupiter, honorent un mortel, elles versent sur ses lèvres les accens les plus suaves et sa bouche laisse échapper de douces paroles.

2. Les Athéniens, les premiers de tous les peuples, ont, par leurs sacrifices, honoré Hercule comme un Dieu.

3. Nicias, le peintre, était tellement laborieux, qu'il demandait souvent à ses esclaves s'il s'était baigné et s'il avait dîné.

4. Estime heureux l'homme qui n'est plus.

5. Socrate n'appelait trompeur ni le trompeur obscur, ni celui qui dérobait soit de l'argent, soit un meuble qu'il engageait quelqu'un à lui confier, mais le trompeur bien plus coupable qui, n'ayant aucun mérite, abusait de la confiance de ses concitoyens en leur persuadant qu'il était capable de diriger l'Etat.

§ 92.

VOIX PASSIVE ET VOIX MOYENNE.

PRÉSENT.

1. Quel usage ferai-je de mon amie?

2. Esculape guérit les malades.

3. Le lait est notre première nourriture.

4. Quelques-uns donnent leurs soins à la culture de certains arbres pour les fruits qu'ils en retirent; mais le bien, qui est le plus fécond et qu'on appelle ami, la plupart ne s'en occupent qu'avec insouciance et sans intérêt.

5. Efforce-toi de supporter facilement l'aveuglement de la fortune.

6. Lorsque tu auras fait quelque bien, tu dois en attribuer l'honneur non à toi, mais aux Dieux.

7. Ne portez point envie à ceux qui, près de moi, occupent les premières places; devenez leurs rivaux, et tâchez, en vous montrant hommes de bien, de vous élever au même rang.

8. O Jupiter ! ô père de la nature, ou délivre tous les mortels des maux nombreux qui les accablent, ou fais-leur connaître à tous le destin qui leur est réservé.

9. En tenant un pareil langage, Socrate me paraissait obtenir ce résultat, que ses disciples s'abstenaient de toute action impie, injuste et honteuse, non seulement lorsque les hommes les voyaient, mais même lorsqu'ils étaient seuls, convaincus que rien de ce qu'ils faisaient n'échappait aux Dieux.

10. Crois qu'il est aussi honteux de se laisser vaincre par les méchancetés de ses ennemis, que de se laisser surpasser par les bienfaits de ses amis.

11. Solon disait que la richesse engendre la satiété.

12. Un État gouverné par des lois immuables, quoique mauvaises, est plus puissant qu'il ne serait avec de bonnes lois sans autorité.

13. Les animaux séparés de ceux avec lesquels ils ont été élevés, semblent les regretter.

14. Tous les biens des vaincus deviennent le partage des vainqueurs.

IMPARFAIT.

1. Souvent Platon, tourmenté par la soif, tirait de l'eau d'un puits et l'y rejetait aussitôt, pour modérer ainsi ses désirs.

2. Hippolyte fut honoré par Diane.

3. Les Lacédémoniens n'écoutaient ni comédie, ni tragédie, afin de ne prêter l'oreille à aucun récit qui, soit plaisant, soit sérieux, fût contraire aux lois.

TEMPS NON CONTRACTES.

1. Cadmus se rendit à Thèbes près de son frère Phœnix, pour lui disputer la royauté.

2. On demandait à un Thessalien quels étaient les hommes les plus doux de la Thessalie, ceux, dit-il, qui ont cessé de faire la guerre.

3. Tous étaient punis à la fois, rois, esclaves, satrapes,

pauvres, riches et mendians. Tous se repentaient des crimes qu'ils avaient osé commettre.

4. N'adorait-on pas un Jupiter chauve à Argos, et un Jupiter vengeur dans l'île de Cypre ?

5. Nicagoras (1) était surnommé Hermès et portait le costume de Mercure comme lui-même l'atteste.

6. Denys le jeune ne possédait pas moins de quatre cents vaisseaux, cent mille hommes d'infanterie, et neuf mille hommes de cavalerie.

7. Non, quand une fois nous serons morts, on ne cessera pas de s'entretenir de nous.

8. Ce ne sont pas ceux qui sèment qui moissonneront.

9. Cherche à acquérir la continence, si tu veux posséder et la plus grande force, et la plus grande richesse.

~~~~~~

VERBES EN ΟΩ.

VOIX ACTIVE.

—

§ 93.

PRÉSENT.

1. Tu désires l'instruction, et moi, je travaille à instruire les autres. Tu te livres avec ardeur à la connaissance de la sagesse, et moi, je dirige ceux qui l'étudient.

2. Imite les actions de ceux dont tu admires la gloire.

3. Jupiter épousa Junon et en eut Hébé, Ilithye, et Mars.

4. Aucun homme ne vit comme il voudrait le faire.

5. Soyez à l'égard des autres, ce que vous voulez que je sois à votre égard.

6. Certains oiseaux vivent sur les bords de la mer.

(1) Grec de la ville de Délia en Troade, qui vivait sous le règne d'Alexandre.

7. Imite l'homme vertueux et sage.

8. Un homme doit paraître avoir vécu selon les lois de la nature, s'il a passé ses jours, non pas dans les plaisirs, mais dans la vertu.

9. Il n'est permis à aucun étranger de vivre à Sparte, ni à aucun Spartiate de vivre hors de sa patrie.

10. Nous ne forçons pas le cheval à labourer, ni le taureau à chasser.

11. De même que ceux qui battent nos habits, ne touchent pas notre corps, de même ceux qui nous reprochent des revers de fortune ou des défauts naturels, portent des coups inutiles et déraisonnables sur ce qui nous est extérieur, mais ils ne frappent pas notre ame, ni ce qui en nous a vraiment besoin de réforme et de censure.

12. Le poisson, appelé meunier, est du nombre de ceux qui vivent dans les marais.

IMPARFAIT.

1. Le monde est la commune patrie de tous les hommes, comme le pensait Socrate.

TEMPS NON CONTRACTES.

1. Tu vivras convenablement, si tu prends soin de la vieillesse de tes parens.

2. La fortune a relevé plus d'un malheureux.

3. Hercule après avoir vécu 52 ans, termina sa vie sur le bûcher du mont Oeta.

4. Polémon portait envie en toutes choses à Xénocrate.

~~~~~~

§ 94.

VOIX PASSIVE ET VOIX MOYENNE.

PRÉSENT.

1. Le peuple copie les mœurs de ceux qui le gouvernent.

2. Tout est bientôt soumis à la nécessité.

3. On réussit peu par la convoitise, mais par la prévoyance on parvient presque à tout.

4. De même que les sceaux se gravent aisément sur une cire molle, de même aussi les préceptes s'impriment dans l'ame encore tendre des enfans.

5. Si vous êtes toujours sans indulgence pour les fautes de vos amis, jamais il n'existera entre vous ni union, ni amitié. Car ici-bas les fautes sont le partage des mortels; les Dieux ne veulent rien changer à cette loi.

6. Ceux qui savent résister à leurs égaux, avoir de la déférence pour leurs supérieurs, et se montrer modérés envers leurs inférieurs, sont presque toujours sûrs de réussir.

7. C'est une conduite peu généreuse que de s'irriter contre un malade.

8. Socrate, en offrant de petits sacrifices selon ses faibles moyens, croyait ne le céder en rien à ceux qui, très riches, en offrent un grand nombre et de considérables.

9. Les chiens mêmes prouvent que la colère s'apaise à l'égard de ceux qui s'humilient, car ils ne mordent jamais ceux qui sont couchés.

IMPARFAIT.

1. L'enfant croissait et se fortifiait, étant rempli de sagesse.

TEMPS NON CONTRACTES.

1. Quiconque s'élève sera abaissé; et quiconque s'abaisse sera élevé.

2. Quel homme ne perdrait courage, quand il voit célébrés et applaudis sur la scène, les seuls héros de Troie et des temps plus reculés, et qu'il se dit à lui-même, que, surpassât-il leurs exploits, jamais il ne partagera leurs honneurs?

3. Devenu pauvre, ne porte pas envie à ceux qui possèdent.

4. Les hommes justes et sages, même dans la mauvaise fortune, ne doivent point s'indigner contre les Dieux.

5. La puissance des Perses a asservi un grand nombre de nations considérables et belliqueuses.

6. Le phoque est comme un quadrupède imparfait.

7. Vers l'époque de Troie, la plus grande partie de la terre fut civilisée par l'agriculture et la fondation des villes.

8. Le roi de Perse se mit en campagne, sûr d'asservir toute la Grèce.

9. Cyrus ayant par son génie affranchi les Perses, ses concitoyens, asservit aussi les Mèdes, naguère leurs maîtres, et commanda à tout le reste de l'Asie jusqu'à l'Égypte.

REMARQUES SUR LES VERBES EN Ω PUR.

§ 95.

VERBES CONTRACTES CONSERVANT LA VOYELLE BRÈVE AU FUTUR ET AUX TEMPS QUI EN SONT FORMÉS.

I.

1. Io éleva une statue à Cérès que les Égyptiens nommaient Isis.

2. Jupiter précipita du ciel Vulcain, qui voulait secourir Junon enchaînée.

3. Quand de simples citoyens s'exposent à mourir, pour mériter des éloges après leur mort, combien serait-il peu digne d'un monarque de se refuser à des actions qui doivent le combler de gloire pendant sa vie !

4. O vin, tantôt je te loue et tantôt je te blâme ; je ne puis ni entièrement te haïr, ni t'aimer entièrement. Tu es bon et mauvais tout à la fois. Quel est l'homme sage qui pourrait te blâmer, ou qui pourrait te louer ?

II.

1. Laisse-moi boire quand j'ai soif.

2. Alexandre ayant envoyé à Phocion cent talens en présent, celui-ci demanda à ceux qui les apportaient, pour-

quoi leur maître faisait un tel don à lui seul d'entre tous les Athéniens. Ils répondirent que c'était parce qu'Alexandre le regardait comme le seul, juste et vertueux. Hé bien! dit Phocion, qu'il me laisse paraître tel et l'être en effet.

3. Hippocrate, après avoir guéri beaucoup de malades, mourut lui-même de maladie.

4. Ce qu'il y a de beau, ce n'est pas de bien parler, mais de rester fidèle à ses paroles.

5. Philippe, s'étant pris à rire : Alexandre, dit-il, tu sais qu'il ne faut blesser ni les bons poètes, ni les écrivains habiles, parce qu'ils sont maîtres de parler de nous, comme bon leur semble.

6. Pense continuellement combien de médecins sont morts, après avoir souvent froncé les sourcils à la vue des malades.

7. Pythagore recommandait à ses disciples de jurer rarement, mais de tenir fidèlement les sermens qu'ils auraient faits.

III.

1. Le peuple donna à Horatius-Coclès autant de terre appartenant à l'État, qu'il pourrait en labourer en un jour avec un attelage de bœufs.

2. Pour des intérêts pécuniaires ne prends jamais aucun Dieu à témoin, ton serment dût-il même être vrai.

§ 96.

FUTUR ET AORISTE PASSIF.

1. Aristippe disait que le sage ne devait connaître ni l'envie ni la passion, mais qu'il pouvait éprouver de la douleur et de la crainte.

2. Je sais qu'on écoute plus volontiers des éloges que les conseils, surtout lorsque les conseils n'ont pas été demandés.

3. J'ai vu une biche blanche immolée par la griffe san-

glante d'un loup, après avoir été violemment arrachée de
mes genoux : spectacle digne de pitié!

4. Ta prière a été exaucée.

§ 97.
PARFAIT PASSIF.
I.

1. Le peintre Galaton a représenté Homère vomissant, au
milieu de tous les autres poëtes, ramassant ce qui sort de
sa bouche.

2. Si l'on pense que les Perses mangent et boivent sans
plaisir, parce qu'ils n'ont d'autre nourriture que du cres-
son et d'autre boisson que de l'eau, qu'on se rappelle
combien, lorsqu'on a faim, il est agréable de manger du
pain d'orge ou de froment, et combien l'eau paraît déli-
cieuse, lorsqu'on a soif.

3. Je me souviens d'avoir entendu parler des Lesbiens
de l'aventure d'une jeune fille, qui fut sauvée de la mer par
un dauphin.

4. Tu seras affable, si tu n'es ni querelleur, ni grondeur, ni
contrariant sur les moindres choses; si tu ne t'opposes pas
avec rudesse à la colère de ceux qui t'entourent, quand même
elle serait injuste; si tu cèdes à leur humeur, et si tu attends qu'elle soit calmée, pour leur en faire des reproches.

II.

CONJUGAISON DU PARFAIT PASSIF EN ΣΜΑΙ.

1. Puisque l'avis que je dois exposer intéresse tous les
Grecs, à qui m'adresserai-je plutôt, qu'à un prince le plus
puissant de toute la Grèce, qu'à celui qui y tient le premier rang?

2. Socrate lui dit : Tu me parais, Antiphon, regarder ma
vie comme si misérable, que, j'en ai la conviction, tu
préférerais la mort à une vie comme la mienne.

3. Le cœur de l'homme est attaché et contenu dans la partie
gauche.

4. Sois bien persuadé que tu ne possèdes réellement que ce que ton esprit possède.

5. Quand tu traites tes amis, et que tout est prêt pour le festin, au milieu des gâteaux, des oiseaux et des mets de ce genre, des sangliers, des lièvres, des ventres de truie, tu ne feras servir ni sardines, ni purée, lors même qu'on en aurait préparé, mais tu négligeras les mets vils et communs.

6. Être séparé violemment de ses amis et de ses intimes, est bien digne de pitié.

7. La Babylonie produit un grand nombre de paons, dont le plumage est orné de mille couleurs.

8. Agésilas avait coutume de paraître gai quand il éprouvait quelque crainte, et de se montrer affable dans le bonheur.

9. César était convaincu que la fortune l'accompagnait sans cesse, et sur mer, et sur terre, qu'elle le suivait dans ses campagnes, qu'elle commandait avec lui.

CHAPITRE V.

DES VERBES QUI ONT UNE CONSONNE AVANT LA TERMINAISON Ω.

§ 99.

PRÉSENT ET IMPARFAIT ACTIF ET PASSIF.

1. L'avare Hermocrate mourant, s'institua lui-même son héritier dans son testament.

2. Solon disait que le discours est l'image des actions.

3. Il supportait les reproches injustes, sans se livrer à aucune récrimination, n'entreprenait rien avec précipitation, n'accueillait pas la calomnie, examinait scrupuleusement

ses mœurs et ses actions Il n'était ni médisant , ni timide , ni soupçonneux , ni sophiste.

4. Socrate , dans sa prison , s'entretenait de questions philosophiques avec ses amis.

~~~~~~

§ 100.

FUTUR ET AORISTE ACTIF.

I.

1. Ne prends pas pour amis les premiers venus ; ne t'attache qu'à des hommes dignes de ton amitié ; cherche des ministres zélés plutôt que des courtisans agréables.

2. O hommes ! quelle erreur vous entraîne ! vous mettez tous vos soins à amasser des richesses , et vous ne songez guère à ces enfans auxquels vous les laisserez un jour.

3. Les liaisons des hommes pervers se refroidissent en peu de temps : l'amitié des hommes de bien résisterait même à la durée des siècles.

4. Avec quelle promptitude le temps doit tout ensevelir ; que de choses n'a-t-il pas déjà ensevelies !

5. Xerxès fit battre la mer de verges , et adressa cette lettre au mont Athos : « Orgueilleux Athos, qui de ta cime touches le ciel , n'oppose pas à mes entreprises des rochers trop élevés et trop durs, sinon tu seras brisé et jeté dans la mer ».

6. O tout puissant Jupiter ! tourne ce trait contre nos ennemis.

7. Astérie , ayant été changée en caille , se jeta dans la mer.

II.

1. Frappe ; tu ne trouveras pas de bois assez dur pour me chasser.

2. La démocratie s'affaiblit de plus en plus , et finit par se changer en oligarchie , non seulement lorsqu'elle est trop relâchée , mais encore lorsqu'elle est trop restreinte.

3. Souhaite de devenir riche, et quand tu le seras, tu auras des amis.

4. Platon, lorsqu'il était sur le point de disputer le prix de la tragédie, entendit Socrate, et brûla ses compositions dramatiques.

5. Il faut en agriculture un bon sol, un habile cultivateur, et des semences bien choisies.

III.

1. Qui chantera les œuvres de Jupiter?

2. S'il s'agissait de louer les Athéniens dans le Péloponèse, ou les Péloponésiens à Athènes, il faudrait pour cela un habile orateur, capable de persuader et d'enlever les suffrages. Quand on parle devant ceux qu'on loue, il n'est pas difficile de bien parler.

3. Physignate, tu n'échapperas pas aux regards des Dieux en agissant ainsi.

4. Il a comblé de biens ceux qui avaient faim.

~~~~~~

§ 101.

FUTUR ET AORISTE PASSIF.

1. Bientôt il ne restera rien de vous, pas même votre nom.

2. Une parole lancée mal à propos, peut bouleverser l'existence.

3. Macédoniens, ce n'est pas pour empêcher votre retour dans votre patrie que je vais parler. Il vous est permis d'aller où il vous plaira; pour ma part, je n'y mets aucun obstacle.

4. Suivant quelques auteurs, c'est Thalès qui le premier a discouru sur la nature.

5. Si on appelle éloquens les citoyens qui sont en état de parler devant le peuple, on regarde comme prudens et sages ceux qui, dans leurs propres affaires, peuvent donner un bon conseil.

6. Je crois qu'il n'est pas de richesse plus précieuse et plus brillante que la vertu, l'équité, la générosité; celui qui les possède, a, s'il réussit, des amis qui s'en réjouissent avec lui, et, s'il éprouve quelque revers, il ne manque pas de gens disposés à le secourir.

7. La Sibylle annonce que le temple d'Isis et de Sérapis, en Égypte, sera renversé et réduit en cendre.

8. Alexandre s'élance du haut du rempart dans l'intérieur de la citadelle. Là, s'appuyant contre la muraille, il frappe de son épée, et tue ceux qui viennent l'attaquer, et entre autres le chef des Indiens qui se jette sur lui avec audace.

§ 102.

FUTUR ET AORISTE MOYEN.

1. Beaucoup de méchans sont riches, tandis que les gens de bien sont pauvres : mais nous ne changerions pas notre vertu contre leurs richesses; car la vertu est chose durable, tandis que la richesse change sans cesse de maître.

2. Pendant que l'empereur Trajan était chez les Parthes, à un grand nombre de journées de la mer, Apicius lui envoya des huîtres fraîches, qu'il avait trouvé moyen de conserver.

3. Diogène s'était frotté les pieds avec des parfums ; (comme on lui en demandait la cause :) quand on répand des parfums sur sa tête, dit-il, l'odeur s'en perd dans les airs ; mais quand on s'en frotte les pieds, elle vient saisir l'odorat.

4. Prendrions-nous la fuite pour éviter le combat ?

5. Sois lent à entreprendre, mais persévère lorsqu'une fois tu auras commencé.

6. Aux seuls cris d'Achille, les Troyens prirent la fuite, avant même de l'avoir aperçu.

7. Je chanterai la vénérable, la belle Vénus, dont le front est ceint d'une couronne d'or.

8. O Jupiter ! les uns disent que tu es né sur le mont Ida, d'autres, en Arcadie. O Jupiter ! de quel côté est la vérité ?

§ 103.

PARFAIT ET PLUSQUE-PARFAIT ACTIF.

1. Un mauvais peintre montrant un tableau à Apelle, ajouta : Je viens de le faire à l'instant même. Tu n'avais pas besoin de me le dire, répondit Apelle, je m'aperçois sans peine que tu l'as fait promptement ; je m'étonne même que tu n'en aies pas fait davantage dans cet intervalle.

2. Beaucoup d'historiens ont parlé de l'Égypte et de l'Éthiopie, et, parmi eux, les uns ajoutent foi à des traditions mensongères, les autres inventant beaucoup de fables pour exciter l'intérêt, ne méritent, à bon droit, aucune confiance.

3. Si quelqu'un se vante d'entendre et de pouvoir interpréter les livres de Chrysippe, dis en toi même : si Chrysippe n'avait pas écrit obscurément, cet homme n'aurait pas sujet de se vanter.

4. Quand de nouveau le monstre engloutit l'onde amère, tout l'intérieur parait bouillonnant ; autour du rocher retentit un bruit terrible, et dans le fond de l'abîme la terre laisse apparaître une arène bleuâtre.

5. Je sais que le malheur qui vient de nous frapper nous afflige tous également.

§ 104.

PARFAIT ET PLUSQUE-PARFAIT PASSIF.

(Voy. §§ 105, 106, et 97, II.)

§ 105.

PARFAIT PASSIF EN MMAI.

1. Quand tu crois qu'on t'a fait tort, sers toi de cette règle

pour t'en assurer : Si l'État n'en a pas éprouvé de dommage, je n'en ai pas éprouvé non plus.

2. Un autre citoyen, voyant son frère arrêté, et ignorant qu'il était lui-même sur les tables de proscription, accourut vers les soldats et leur dit : Tuez-moi avant de le tuer. Le centurion, qui avait sur lui une liste exacte des proscrits, lui répondit : Ce que tu demandes est juste, car ton nom est inscrit avant le sien ; et en disant ces mots il les égorgea dans l'ordre de leur inscription.

3. On a vu le dauphin tenir son museau hors de l'eau en dormant, on l'a entendu ronfler.

4. Nous ne possédons plus la richesse ; mais la noblesse, mais les sentimens généreux nous restent.

5. Ne rougissez-vous pas d'être plus déraisonnables que les animaux privés de raison, vous qui avez passé tant de siècles dans l'impiété ?

6. Les mêmes lois n'existent-elles pas pour vous tous ?

7. Vous verrez, tout auprès du tombeau des Agiades, un cippe où sont inscrites les victoires remportées à la course par Chionis le Lacédémonien, aux jeux Olympiques, et ailleurs.

8. Dans ton navire, ils te lieront les pieds et les mains ; debout au pied du mât, tu y seras attaché avec des liens.

9. On dit que la colonne d'Osiris porte cette inscription : Mon père est Saturne, le plus jeune de tous les Dieux ; je suis Osiris, le roi ; j'ai conduit mes armées par toute la terre, et dans les contrées inhabitées de l'Inde et dans celles qui sont situées au septentrion, et vers les sources de l'Ister, et dans les autres régions, jusqu'à l'Océan.

10. Bientôt, quand tu seras mort, tu ne posséderas de terre que ce qu'il en faut pour ensevelir ton corps.

11. Les géants lançaient contre le ciel des rochers et des chênes enflammés.

12. La première ame qui vint fut celle de mon compagnon Elpénor ; il n'était point encore enseveli sous la terre profonde.

13. Comment Socrate pourrait-il être atteint par l'accusation, lui qui, loin de ne pas croire aux Dieux comme l'accusation le lui reproche, a montré pour les Dieux plus de respect que tous les autres?

14. Il ne nous restera aucun ami.

15. Quelques peuples brûlent les morts, et parmi eux, les uns recueillent les ossemens et les ensevelissent; d'autres les laissent épars sur la terre, sans s'en inquiéter.

16. Le roi Philippe consulta la Pythie, pour savoir s'il serait vainqueur du roi de Perse; elle lui répondit par cet oracle : *Le taureau est couronné, sa fin approche, le sacrificateur est prêt.* Philippe, en entendant cet oracle ambigu, l'interpréta à son avantage, comme s'il signifiait que le roi de Perse serait immolé comme une victime. Mais ce n'était pas là le vrai sens de l'oracle; il signifiait au contraire que Philippe, dans une fête au milieu des sacrifices offerts aux Dieux, serait immolé, comme le taureau, le front ceint d'une couronne.

17. Diogène disait qu'il faut tendre la main à ses amis sans fermer les doigts.

~~~~~~

§ 106.

PARFAIT PASSIF EN ΓΜΑΙ.

1. Pourquoi répugner à faire une chose pour laquelle je suis né, et pour laquelle je suis venu dans le monde?

2. Le nid du serin est artistement construit, ses parties sont entrelacées les unes dans les autres; on dirait une pelotte de filasse, qui n'a qu'une petite ouverture.

3. Les vieillards sont dans un état opposé à celui des jeunes gens, car ils semblent glacés par l'âge; les jeunes gens, au contraire, sont d'un tempérament bouillant.

4. Garde-toi de faire ce qui expose à l'envie.

5. Soyez les gardiens de mon temple, et accueillez tous les mortels qui s'y rassembleront.

6. Le rossignol aime passionnément la liberté ; aussi quand il est pris déjà grand et qu'on le garde renfermé dans une cage, il s'abstient de nourriture et de chant, et se venge par le silence de l'esclavage où le tient l'oiseleur.

7. Platon, voyant que dans la place publique près des comptoirs des banquiers, Socrate parlait trop vivement à l'un de ses amis, lui dit : N'eût-il pas été mieux de lui parler en particulier ?

8. Accuser les autres des malheurs qu'on éprouve, c'est être ignorant ; s'accuser soi-même, c'est commencer à s'instruire ; mais celui qui est parfaitement instruit, n'accuse ni un autre ni soi-même.

9. Il était prescrit à tous les Égyptiens de déclarer devant les magistrats quels étaient leurs moyens d'existence.

10. C'est avec raison qu'on dit et qu'on dira toujours, que ce qui est utile est beau, et que ce qui est nuisible est laid.

11. Pourriez-vous m'apprendre quel but on atteint en buvant beaucoup de vin, si ce n'est de s'enivrer ?

12. Nous avons pour nous l'ordre et la discipline, et nous avons toujours appris à les vaincre.

13. Nul homme coupable n'a encore été condamné d'après son silence ou sur son aveu : mais convaincu de ne rien dire que de faux, c'est alors, je pense, qu'il est confondu, démasqué.

---

§ 107.

PARFAIT PASSIF EN ΣΜΑΙ.

(V. § 97, 2.)

1. Ils offrirent des libations aux Dieux immortels qui habitent l'Olympe.

DES FUTURS ET AORISTES SECONDS.

—

§ 110.

FUTUR SECOND ACTIF.

1. Alexandre se rendit d'abord dans l'Ariane, ensuite dans la Drangiane, où il fit mourir Philotas, fils de Parménion, convaincu d'avoir conspiré contre lui; il envoya en même temps à Ecbatane des hommes chargés de faire périr Parménion, comme ayant trempé dans la conspiration de son fils.

§ 111.

FUTUR SECOND PASSIF.

1. N'éprouvez point vos amis à votre détriment, et cependant cherchez à connaître ceux que vous fréquentez; vous y parviendrez si, sans manquer de rien, vous feignez néanmoins d'avoir besoin d'un service; si vous leur communiquez comme un secret ce qui peut être divulgué; car si vous vous êtes mal adressé, vous ne risquerez rien; si au contraire vous avez bien rencontré, vous n'en connaîtrez que mieux le caractère des personnes.

2. Hérophile, la Sibylle, annonça dans ses oracles qu'Hélène naîtrait et serait élevée à Sparte, pour le malheur de l'Asie et de l'Europe, et que Troie serait à cause d'elle prise par les Grecs.

3. Quelqu'un demandant à Socrate pourquoi il n'avait rien écrit; le philosophe répondit : Parce que je vois que le papier est beaucoup plus précieux que tout ce que j'écrirais.

4. Pélée remet Achille au centaure Chiron, dont il doit être l'élève, et qui prit en effet, dit-on, le soin de l'instruire.

§ 112.

FUTUR SECOND MOYEN.

1. Nous savons tous que nous devons mourir.

2. Ceux à qui la fièvre cause une grande soif, se réjouissent en se rappelant qu'ils ont bu, et en espérant boire de nouveau.

3. Les triumvirs s'étant réunis dressèrent des listes de proscription où ils inscrivirent les citoyens puissans qui leur étaient suspects, et leurs ennemis personnels. Ils s'abandonnèrent réciproquement leurs parens ou leurs amis, et non-seulement alors, mais même dans la suite.

FORMATION DE L'AORISTE SECOND.

§ 113.

AORISTE SECOND ACTIF.

1. Aucun mortel, ô Polypédès, s'il trompe soit un hôte, soit un suppliant, ne peut se dérober aux regards des Dieux.

2. Veux-tu te faire pentathle ou lutteur ? Considère tes bras et tes cuisses, éprouve la force de tes reins ; car tel homme a été destiné par la nature à une certaine chose, tel autre à une autre.

3. Comme un singe, tu imites tout ce que tu vois, et tu te plais tantôt à une chose, tantôt à une autre.

4. La colère est un mal terrible et difficile à guérir, quand la discorde met aux prises des amis.

5. L'or d'un ami ignorant est chose sans utilité, s'il ne possède pas aussi la vertu.

6. Nous n'aurions point assez de temps, si nous voulions énumérer toutes les actions d'Évagoras.

7. Les traditions achéennes rapportent que Jupiter lui-même se changea en colombe.

8. Timoléon de Corinthe n'ayant pu ni par ses conseils, ni par ses prières, détourner son frère de la tyrannie, s'associa à ceux qui voulaient lui donner la mort.

§ 114.

AORISTE SECOND PASSIF.

1. Ganymède fut enlevé par les Dieux, pour servir d'échanson à Jupiter.

2. Contemple la grandeur de Dieu, et qu'elle te frappe d'admiration.

3. Les discours des philosophes, quand ils s'impriment fortement dans les ames des souverains et des hommes politiques, et qu'ils s'en rendent maîtres, prennent force de lois.

4. Antisthène disait continuellement : Plutôt devenir fou que de m'abandonner à la volupté.

5. Il est plus affligeant de devenir simple particulier de roi qu'on était, que de n'avoir jamais été roi.

6. Le peuple athénien, quand sa ville eut été renversée par Xerxès, vainquit ce roi peu de temps après, et obtint la suprématie sur toute la Grèce.

§ 115.

AORISTE SECOND MOYEN.

1. Léonidas, roi de Lacédémone, et ses trois cents allèrent volontairement chercher aux Thermopyles la mort qui leur avait été prédite par l'oracle, et après avoir combattu valeureusement pour le salut de la Grèce, laissèrent à la postérité un souvenir immortel.

2. Choisis le meilleur genre de vie, l'habitude te le rendra agréable.

3. Que les gardiens des lois surveillent ceux qui les en-

freignent ; que d'abord ils les avertissent ; puis , s'ils n'o-
béissent pas , qu'ils les châtient.

4. Quand les athlètes auraient tous le double de force , pas
un de nous n'en serait ni plus adroit ni plus robuste ; au
lieu que chacun peut se rendre propres les lumières d'un
seul , en partageant avec lui sa sagesse.

5. La guerre comme un torrent entraîne et ravage tout
sur son passage ; la science est le seul bien qu'elle ne puisse
enlever.

6. Les enfans , devenus hommes , ont coutume de renoncer
à leurs jeux.

§ 116.

REMARQUES.

1. Je cherche la vérité , qui n'a jamais nui à personne.

2. On dit qu'Isis est ensevelie à Memphis.

3. Le soleil , pour nous être utile , se tient dans de justes et
convenables limites. Et , en effet , s'il s'approchait un peu
davantage , il brûlerait tout , et , s'il s'éloignait un peu ,
tout serait glacé.

4. Darius ne vint point dans la Grèce avant de s'être rendu
maître de l'Égypte ; à peine s'en fut-il emparé , qu'il mar-
cha contre les Grecs.

5. Alcibiade se comporta si bien dans les dangers , qu'il
fut couronné par le général , et en reçut une armure complète.

6. Archélaüs , roi de Macédoine , fut blessé involontaire-
ment par Cratère dans une partie de chasse , et perdit la
vie après avoir régné sept ans.

7. O juges , par Jupiter et tous les dieux , ne vous laissez
pas étourdir par ses cris.

8. Suivant quelques-uns , Thalès n'a laissé aucun ouvrage
écrit ; car l'astrologie nautique qu'on lui attribue , est ,
dit-on , de Phocus de Samos.

9. Conon , dans l'adversité , aima mieux se retirer chez
Évagoras , que de chercher un asile chez les autres rois.

10. Beaucoup, après avoir fui leurs tyrans et être devenus libres, reviennent ensuite reprendre leurs premières chaînes.

11. Ils aimèrent mieux se condamner à l'exil que d'être témoins de la servitude de leurs compatriotes.

12. Phaéton, fils du Soleil et de Clymène, fille de l'Océan, détourna le char paternel de sa route, et Jupiter, craignant pour l'univers, le foudroya.

13. On dit que les corroyeurs, accoutumés à un air infect, ont de l'aversion pour les parfums.

14. Antée, célèbre par la force de son corps et par son habileté dans la lutte, avait coutume de tuer ceux qu'il avait vaincus. Hercule le provoqua au combat, l'étreignit dans ses bras, et le tua.

15. Ce n'est pas aujourd'hui, pour la première fois, que je puis le voir, j'ai souvent eu lieu de m'en convaincre; oui, une violente colère est un mal dont rien ne triomphe.

16. Lorsque les Athéniens voulaient que le fils d'Iphicrate exerçât les charges publiques, quoiqu'il fût encore trop jeune, parce qu'il était d'une grande taille, Iphicrate s'y opposa, leur disant que s'ils regardaient comme des hommes les enfans d'une haute stature, il fallait établir par un décret que les hommes petits doivent passer pour des enfans.

17. Les hommes ont inventé deux arts différens pour entretenir le corps en bon état, la médecine et la gymnastique : l'une a pour objet de donner la santé, l'autre, une bonne constitution.

18. Hercule et Thésée, fils des deux frères, l'un de Jupiter, l'autre de Neptune, furent frères aussi par leurs nobles passions.

19. Danaüs, exilé d'Égypte, s'empara d'Argos.

20. Une flotte ayant été rassemblée, les Lacédémoniens sont battus sur mer et perdent leur prééminence, les Grecs recouvrent leur liberté, Athènes rentre en possession d'une partie de son ancienne splendeur, et reprend le commandement de tous les alliés.

21. Varron était à la fois philosophe et historien; il s'é-

tait distingué comme soldat et comme général ; peut-être fût-ce pour cette raison qu'il fut proscrit comme ennemi du gouvernement monarchique.

22. Le Gange, lorsqu'il a quitté les montagnes et qu'il est descendu dans la plaine, tourne à l'orient, passe près de la grande ville de Palibothra, et va se décharger de ce côté dans la mer.

23. On dit qu'Atalante altérée, en chassant près de Cyphantes, frappa de sa lance le rocher, d'où l'eau jaillit à l'instant.

§ 147.

PARFAIT SECOND OU MOYEN.

1. Nous sommes nés pour nous aider les uns les autres, comme les pieds, les mains, les paupières et nos deux rangées de dents. Il est donc contre nature de se nuire les uns aux autres.

2. Quelques-uns des poètes d'autrefois nous ont laissé des préceptes sur la manière de vivre.

3. Chilon dit que la meilleure maison est celle qui ressemble le mieux à un gouvernement monarchique.

4. Il est très facile de conjecturer l'avenir par le passé.

5. Socrate est encore beau, même aujourd'hui ; mais Alcibiade perdit sa beauté, même pendant sa vie.

§ 118.

REMARQUES.

1. Les poissons craignent la lumière.

2. Denys, tyran de Syracuse, a laissé sa vie exposée à jamais aux malédictions de la postérité.

3. Confiant dans ta richesse, ne cherche à faire rien d'injuste.

4. Il est impossible que l'homme juste et vertueux accorde sa confiance à qui que ce soit plutôt qu'aux Dieux, dont la justice et la vertu n'ont point d'égales.

4..

5. Il sait que ceux-là surtout peuvent vivre en paix, qui sont le mieux préparés à la guerre.

6. L'homme maladroit, quoique fort de sa nature, m'a toujours inspiré moins de crainte que l'homme faible, mais habile.

7. Les abeilles ne craignent pas tant le froid que la grande pluie et la neige.

§ 119.

DES VERBES QUI ONT Z OU ΣΣ AVANT LA TERMINAISON, OU VERBES EN ZΩ ET ΣΣΩ.

I. ZΩ.

1. Le temps apprendra tout à ceux qui viendront après nous. Il est bavard et parle sans qu'on l'interroge.

2. Phérès, fils de Créthée, fonda Phères dans la Thessalie; il eut pour fils Admète et Lycurgue.

3. Insensés! pourquoi cette vaine agitation pour des choses de ce genre? Cessez de vous fatiguer; vous ne vivrez pas toujours.

4. Si Solon ne s'était pas occupé de la poésie comme d'une chose accessoire, et qu'il eut pû s'y livrer comme d'autres, j'en ai la conviction, ni Hésiode, ni Homère, ni aucun autre poète n'aurait surpassé sa gloire.

5. Eurysthée exigea d'Hercule qu'il enlevât les taureaux nourris à Érythie, qu'il lui apportât les pommes des Hespérides, et lui amenât Cerbère; il lui commanda encore d'autres travaux de ce genre, qui devaient exposer ses jours sans aucune utilité pour les autres. Thésée, maître de ses actions, choisit des combats qui devaient lui obtenir le titre de bienfaiteur de sa patrie et de toute la Grèce.

6. Apollon, condamné pour le meurtre des Cyclopes, fut banni des cieux et envoyé sur la terre pour y subir la condition des humains.

7. Les Égyptiens croient que le feu est un animal vivant.

8. Le phoque a la langue fendue.

9. Ceux-là surtout parviennent sans danger au plus haut degré de la puissance, qui inspirent à leurs sujets non de la crainte par leur cruauté, mais de l'amour par leur vertu.

10. Télémaque, tu ne manqueras à l'avenir ni de prudence ni de valeur, si tu as le noble caractère de ton père.

11. Une émanation divine inspire tous les hommes, et surtout ceux qui se livrent à l'étude des lettres.

12. Le rusé Jupiter enleva le blond Ganymède.

13. Pharyce et Polycrite pillèrent, l'un le temple de Junon à Argos, l'autre celui de Neptune à Mantinée.

14. Pindare dit qu'Antiope fut enlevée par Thésée et Pirithoüs.

II. ΣΣΩ.

1. Si tu honores tes parens, tu peux espérer d'être heureux.

2. Esclave, tu crains les enfers qui te délivreront de tes maux !

3. Quand un personnage élevé est atteint par le malheur, son sort est plus déplorable que celui de l'homme qui connaît depuis long-temps l'infortune.

4. La fierté convient mal au malheureux.

5. Speusippe d'Athènes était fils de la sœur de Platon, et fut chef d'école pendant huit ans. C'est à lui que Simonide adresse son histoire, qui contient le récit des actions de Dion.

6. Quand tu rends visite à quelque personnage revêtu d'un grand pouvoir, figure-toi d'avance que tu ne le trouveras pas chez lui, que tu ne seras pas admis en sa présence, que l'on te fermera brutalement la porte, qu'il ne fera aucune attention à toi.

7. La diversité des travaux les rend agréables.

8. Oreste et Pylade, Thésée et Pirithoüs sont loués sans

cesse pour avoir fait en commun les plus grandes et les plus belles actions.

9. Ne connaissant pas le Dieu bienfaisant, ils ont inventé des Dioscures sauveurs, un Hercule tutélaire, et un Esculape médecin.

10. La plupart des actions que vous attribuez à vos Dieux ne sont que fables et inventions, et ce qu'on peut présumer être arrivé est attribué à des hommes dont la vie a été honteuse et déréglée.

III.

1. Les Agrigentins, délivrés de Phalaris, décrétèrent que personne ne pourrait porter un vêtement bleuâtre, parce que les serviteurs du tyran portaient des tuniques de cette couleur.

2. Il vaut mieux pour un hôte se taire que de crier.

3. Quel avantage pour moi, ô mes amis, de vivre diffamé et malheureux ?

REMARQUES.

1. Alexandre approuva les discours et ceux qui les tenaient, mais néanmoins fit tout le contraire de ce qu'il avait approuvé.

2. O Homère ! tu fais de Jupiter un dieu respectable, et tu lui prêtes un signe de tête qui inspire la vénération.

DES VERBES QUI ONT UNE LIQUIDE AVANT LA TERMINAISON, OU VERBES EN ΛΩ, ΜΩ, ΝΩ, ΡΩ.

ACTIF.

§ 120.

FUTUR ET AORISTE PREMIER.

1. Jupiter irrité te frappera de sa foudre enfumée.

2. Si d'un commun accord, et tous à la fois, par nations et

par villes, nous ne les repoussons pas, divisés que nous sommes, ils nous subjugueront sans peine.

3. Cadmus fait annoncer par le héraut qu'il donnera de grandes richesses à celui qui tuera le Sphynx.

4. Je vous indiquerai la route et vous ferai tout connaître.

5. Son gouvernement réjouira non pas vous seulement qui composez ici sa garde, mais ceux aussi qui sont établis sur les bords des fleuves et sur les frontières de l'empire romain et qui conservent le souvenir de ses actions, dont ils ont été les témoins.

6. Mercure, armé du casque de Pluton, tua Hippolyte. Diane tua Gration, les Parques tuèrent Agrius et Thoon, qui combattaient avec des massues d'airain. Jupiter fit périr les autres en les foudroyant.

7. Périclès partagea le pouvoir avec Cimon, de telle sorte que lui commandait à Athènes, tandis que Cimon, après avoir équippé sa flotte, faisait la guerre aux barbares ; car Périclès était plus propre à l'administration, et Cimon à la guerre.

8. Léonidas aux Thermopyles recommanda à ses soldats de dîner, comme devant souper dans les Enfers.

9. Thésée purgea la route de Trézène à Athènes des brigands qui l'infestaient.

10. Telles sont les recommandations et les préceptes des avares : Gagne et épargne, et ne t'estime que d'après ce que tu possèdes.

11. Il est difficile de discerner l'ami du flatteur.

12. Il ne faut pas rendre le mal pour le mal.

§ 121.

PARFAIT.

1. Jean (Baptiste) nous a envoyés vers vous.

2. Mourir est un mal, car si les Dieux n'en avaient pas jugé ainsi, ils mourraient.

3. Les cadavres sont livrés aux vautours pour qu'ils les emportent.

4. Passe successivement en revue les hommes que tu as connus. Celui-ci, après avoir enseveli cet autre, est mort à son tour; il en est de même d'un autre, et tout cela en peu de temps.

5. La plupart sont morts de maladie; sur un si grand nombre, bien peu ont survécu, et ils sont bien moins vigoureux de corps et surtout plus affaiblis d'esprit.

~~~~~~

PASSIF.

§ 122.

FUTUR PREMIER, AORISTE PREMIER, ET PARFAIT.

1. Respecte-toi, et tu ne rougiras pas devant les autres.

2. Mercure conduit à Pâris les trois déesses entre lesquelles il doit prononcer.

3. On doit regarder comme des hommes d'un courage supérieur ceux qui, connaissant bien les peines et les plaisirs, ne se laissent point par là détourner des périls.

4. Ne t'enorgueillis d'aucun avantage étranger.

5. Une chaîne de montagnes non interrompue, qui s'étend du sud au nord, sépare la Celtique de l'Ibérie.

6. Homère surpasse tous les hommes qui l'ont devancé et qui l'ont suivi, non seulement par son talent poétique, mais pour ainsi dire aussi par son expérience de la vie politique.

7. On avait enjoint à Archias d'engager Démosthène, mais sans lui faire violence, à quitter Calaurie pour se rendre auprès d'Antipater.

8. Les rois scythes envoyèrent à Darius un héraut portant un oiseau, un rat, une grenouille et cinq flèches. Les Perses demandèrent à l'envoyé ce que signifiaient ces présens. Il répondit qu'on l'avait seulement chargé de les offrir, et de s'en retourner aussitôt après.

9. Sache que si celui avec qui tu fais société est un homme corrompu, il faut nécessairement qu'un pareil commerce te corrompe, quelque pur que tu sois d'ailleurs par toi-même.

10. Salmonée traînant à son char des cuirs secs et des vases d'airain, prétendait tonner; lançant des torches enflammées contre le ciel, il disait qu'il lançait des éclairs.

§ 123.
FUTUR ET AORISTE SECOND.
ACTIF ET PASSIF.

1. Typhon combattant près du mont Hœmus, lançait des monts entiers.

2. Au moment de la fondation de Rome, douze vautours apparurent à Romulus.

3. Nous sommes tous habiles à avertir les autres de leurs fautes, mais quand nous nous trompons nous-mêmes, nous ne le voyons pas.

4. Cambyse régnera après son père, et après bien des revers il errera long-temps en Libye et en Éthiopie, tuera le bœuf Apis et mourra fou.

5. Votre gloire existera toujours sur la terre, héros chéris, Harmodius et Aristogiton, parce que vous avez tué le tyran et assuré l'indépendance d'Athènes.

6. Ne tue pas le suppliant; il n'est pas permis de le tuer.

7. Hylas, fils de Thiodamas, étant allé puiser de l'eau, fut enlevé par les nymphes.

8. Cléomène, le Lacédémonien, se tua dans l'ivresse avec son épée.

9. Essayez, dans les poëmes les plus renommés, de rompre la mesure, sans toucher aux idées ni à l'expression; ils vous paraîtront bien au-dessous de l'idée que nous en avons.

10. Platon dit que le monde, périssable de sa nature, ne périra pas, parce que la Providence en tient les parties réunies.

11. Si vous donnez tout le temps nécessaire à vos affaires, vous réussirez et vous viendrez à bout de tout.

~~~~~~

§ 124.

PARFAIT SECOND OU MOYEN.

1. Les figues, quand elles sont bien mûres, s'entr'ouvrent.
2. De tous les fruits, c'est la pomme qui conserve le plus sa couleur verte et sa fleur.

~~~~~~

§ 125.

REMARQUES.

1. Tant que je suis heureux, j'ai beaucoup d'amis ; mais qu'un malheur m'arrive, peu me conservent leur fidélité.

CHAPITRE VI.

VERBES EN MI.

§ 129.

PRIMITIFS EN ΈΩ.

VOIX ACTIVE.

PRÉSENT.

1. Je place au nombre des biens la délivrance de tout ce qui

est un mal ou paraît tel, de même que l'échange d'un plus grand mal pour un moindre, puisque ces choses-là méritent jusqu'à un certain point d'être recherchées.

2. Caton dit à un vieillard corrompu : O homme, pourquoi à la vieillesse qui entraîne avec elle tant de maux, ajoutes-tu encore la honte du vice ?

3. Les voyages rendent plus sage.

4. Nous supposons qu'il s'est écoulé quatre-vingts ans entre la guerre de Troie et le retour des Héraclides.

5. Les Phrygiens n'enterrent pas au dessous du sol leurs prêtres morts, mais les placent debout sur des pierres élevées de dix coudées.

6. Ne mettez pas une épée entre les mains d'un enfant.

7. Sur les bords de l'Euphrate, fleuve de la Parthie, se trouve une plante nommée *axalla*, ce qui, en langue parthe, veut dire *chaleur*. Ceux qui ont la fièvre quarte placent cette herbe sur leur poitrine, et aussitôt ils sont délivrés de leur mal.

8. Puissé-je accueillir tous les mouvemens modérés et ne pas m'abandonner aux sentimens excessifs !

9. Le tyran Denys le Jeune ayant dépouillé la statue de Jupiter, en Sicile, du manteau d'or dont elle était revêtue, ordonna de le remplacer par un manteau de laine, disant avec esprit que ce dernier vaudrait beaucoup mieux qu'un manteau d'or, qu'il serait plus léger en été, et plus chaud en hiver.

10. Il faisait l'éloge de Milet, sa patrie, ajoutant qu'en cela il agissait beaucoup mieux qu'Homère, qui n'a point fait mention de la sienne.

11. Ce n'est pas seulement en ajoutant à ce qu'on possède qu'on devient plus riche, mais encore en retranchant quelque chose de ses dépenses.

IMPARFAIT.

1. Anciennement, c'était avec des fèves qu'on donnait les suffrages pour l'élection des magistrats.

AORISTE SECOND.

1. Quand Démosthène fut mort, les Athéniens lui élevèrent une statue dans l'Agora.

2. Archidamus ayant vu son fils combattre avec trop d'audace contre les Athéniens, il faut, lui dit-il, ou ajouter à ta force, ou diminuer de ta témérité.

3. Tel tu te seras montré à l'égard des autres, tels ils se montreront envers toi.

4. O mes enfans, quand je serai mort, ne déposez mon corps ni dans l'or, ni dans l'argent, ni dans rien autre chose, mais rendez-le sur-le-champ à la terre.

5. Les lois défendent de porter une loi qui soit pour un homme seul, et qui ne s'étende pas à tous les Athéniens.

6. Quand quelqu'un meurt chez les Troglodytes, ils attachent son corps avec des baguettes de paliure, de telle sorte que le cou tienne aux jambes, puis le plaçant sur une éminence, ils lancent en riant sur lui de grosses pierres, et cela jusqu'à ce que le corps soit entièrement caché sous ces pierres. Ensuite, après avoir placé sur ce tertre une corne de chèvre, ils se retirent sans montrer aucune sensibilité.

7. Le matin nous avions enseveli Mélanippe, et au coucher du soleil mourut la vierge Basilo d'une mort volontaire. Car après avoir déposé son frère sur le bûcher, elle ne put se résigner à vivre.

FUTUR, AORISTE ET PARFAIT.

1. Tu désires un heureux retour, noble Ulysse, mais un Dieu te le rendra difficile.

2. La fortune n'accorde pas aux mortels un bonheur pur et à l'abri de l'envie.

3. Le Spartiate Lysandre ayant mis fin à la guerre du Péloponèse, avait assuré à sa patrie une supériorité reconnue et sur terre et sur mer.

VOIX MOYENNE.

PRÉSENT.

1. On doit les plus grands éloges à la conduite de Pausanias envers une femme de Cos.

2. Le loup est l'ennemi de l'âne, du taureau et du renard, parce qu'étant carnassier il se jette et sur les bœufs, et sur les ânes, et sur les renards.

3. Les Celtibériens ceignent leurs têtes de casques d'airain surmontés d'aigrettes couleur de pourpre.

4. De même que dans le calme on doit se préparer pour la tempête, de même aussi dans le jeune âge on doit, par une vie réglée et tempérante, se préparer des provisions pour la vieillesse.

5. Quand des hommes ont commis une faute et qu'ils s'irritent et agissent en ennemis contre ceux qui les reprennent et leur donnent des conseils, il faut toujours regarder leur mal comme incurable. Se prêtent-ils aux avis, les écoutent-ils avec docilité? Ils sont près de leur guérison.

6. Mangez ce qu'on vous présentera.

IMPARFAIT.

1. Alors que Simonide était à Syracuse, Hiéron lui envoyait chaque jour de quoi vivre somptueusement; mais Simonide en vendait la plus grande partie et ne se réservait que peu de choses.

2. L'ornement distinctif que les rois de Perse portaient sur leur tête était composé de myrrhe et de labyze. Le labyze a une odeur agréable et est plus précieux que la myrrhe.

AORISTE SECOND.

1. Celui que j'ai indiqué en était l'auteur.

2. L'avenir pour chacun passe sans cesse de l'incertitude à l'instabilité; et nous ne regardons comme heureux que celui auquel le sort a accordé de réussir jusqu'à la fin.

3. C'est par de semblables exercices que tu deviendras bien-

tôt tel que doit être, selon nous, l'homme digne d'être roi et capable de diriger convenablement l'État.

4. La faculté de nous persuader les uns les autres, de nous communiquer nos idées, nous a affranchis de la nécessité de vivre comme les brutes et nous a fourni les moyens de nous réunir, de bâtir des villes, de faire des lois, d'inventer les arts; en un mot, presque tout ce que nous avons imaginé est l'ouvrage de la parole.

5. Les Athéniens, après avoir vaincu les Perses, rendirent un décret qui portait que dorénavant, un jour de chaque année, on donnerait au peuple le spectacle d'un combat de coqs sur le théâtre.

6. Que chacun de vous soit pénétré de honte et d'indignation.

7. Je crierai à ceux auxquels il est permis de le dire (1) : Fermez la porte aux profanes.

8. Plus on sert de choses au delà du nécessaire, plus la satiété se fait promptement sentir.

9. Si tu ajoutes un peu à un peu, et que tu le fasses souvent, ce peu même deviendra bientôt quelque chose de grand.

10. La Terre, irritée de la perte de ceux de ses enfans qu'Uranus avait précipités dans le Tartare, engagea les Titans à se révolter contre lui.

11. Quand les autels furent élevés, on amena des victimes. Le laboureur conduisit à l'autel le bœuf qui traînait sa charrue; le berger offrit une brebis, le chevrier une chèvre; cet autre de l'encens, celui-ci un gâteau; le pauvre se rendit la divinité favorable, en lui baisant la main droite.

12. Denys, tyran de Sicile, avait envoyé des robes de grand prix aux filles d'Archidamus; celui-ci les refusa : Je craindrais, dit-il, que mes filles, en s'en revêtant, ne me parussent laides.

(1) Aux initiés.

FUTUR ET AORISTE.

1. Denys envoya à l'assemblée des jeux Olympiques des comédiens doués d'une voix remarquable, pour y faire valoir par leur chant les vers qu'il avait composés.

2. Alyattes étant mort, Crésus, son fils, lui succéda à l'âge de trente-cinq ans. Éphèse fut la première ville grecque que ce prince attaqua.

PASSIF.

§ 133.

FUTUR, AORISTE PREMIER, PARFAIT ET PLUSQUE-PARFAIT.

1. Agatharchide de Cnide dit, dans le 8ᵉ livre de son ouvrage sur l'Asie, que ceux qui donnaient un repas à Alexandre, fils de Philippe, à titre d'amis, faisaient dorer les desserts qu'on devait servir.

2. Ce fut Gygès, roi de Lydie, qui consacra à Delphes les premières offrandes tant en or qu'en argent. Avant son règne, Apollon pythien n'avait ni argent ni or.

3. L'existence de tout homme doit avoir une fin.

4. A celui dont le corps est malade, il faut un médecin pour le guérir, et un ami, si c'est son ame qui souffre.

5. Le Lacédémonien Pausanias avait contracté secrètement amitié avec Xerxès, et afin de l'engager à trahir les Grecs, ce roi devait lui donner sa fille en mariage.

§ 135.

PRIMITIFS EN ΆΩ.

VOIX ACTIVE.

PRÉSENT.

1. 'il est en moi quelque bon principe, je l'enseigne et le communique aux autres, quand je pense qu'il peut contribuer à les rendre vertueux.

2. La pauvreté rend les hommes plus habiles dans les arts et plus industrieux dans les choses de la vie.

3. Ceux qui élèvent des chevaux n'ont point de cheval qui conduise les autres, comme dans les troupeaux de bœufs. Pour cela le cheval n'a pas un naturel assez tranquille, il a trop de vivacité et de pétulance.

4. Socrate savait être vainqueur non-seulement des plaisirs du corps, mais aussi de ceux que procure la richesse. Il pensait que celui qui accepte de l'argent du premier venu, rend celui-ci maître de sa personne, et subit un esclavage non moins honteux que tous les autres.

5. Léonnat et Ménélas, compagnons d'Alexandre, étaient fort amateurs de la chasse; ils faisaient porter derrière eux des toiles de cent stades de long, et chassaient les bêtes après les avoir cernées au moyen de ces toiles.

IMPARFAIT.

1. Thésée, convaincu que les hommages d'un peuple libre et fier sont plus flatteurs que les adulations de vils esclaves, ne voulut point agir contre le gré du peuple, et conçut, au contraire, le dessein de lui remettre l'autorité. Mais le peuple voulut qu'il commandât seul, persuadé qu'entre ses mains la monarchie serait plus juste et plus douce que la démocratie même.

AORISTE SECOND.

1. A peine avais-je atteint l'âge de quatre ans que l'exil de mon père mit ma vie en danger.

2. Xerxès ayant écrit à Léonidas : Si tu veux ne pas combattre contre un Dieu et embrasser mon parti, je te donnerai l'empire de toute la Grèce. Léonidas lui répondit : Si tu connaissais les vrais biens de la vie, tu n'ambitionnerais pas les possessions des autres. Pour moi, j'aime mieux mourir pour la Grèce que de régner en maître sur mes compatriotes.

3. Platon ayant levé son bâton sur son esclave, resta long-temps dans cette position, comme pour châtier sa propre colère.

4. Les Stratiens dressèrent un trophée de leur combat contre les barbares.

5. Il dit à cet homme qui avait la main desséchée : Lève-toi ; tiens-toi là au milieu. Et se levant, il se tint debout.

6. De même qu'en marchant tu fais attention à ne pas mettre le pied sur un clou, ou à ne pas te donner une entorse ; ainsi tu dois prendre garde à blesser la raison qui est en toi.

7. Repentons-nous et passons de l'ignorance à la science, de la folie à la sagesse, de l'intempérance à la modéra-tion, de l'injustice à la justice.

8. Si l'on me demandait quel est le trait de la vie d'Évagoras que je trouve le plus frappant, et ce que j'admire le plus ou ses soins et ses efforts dans la guerre contre Lacédé-mone, ou la guerre qu'il a soutenue en dernier lieu contre le roi de Perse, ou le courage avec lequel il a conquis son royaume, ou la sagesse avec laquelle il l'a gouverné ; je serais dans l'embarras pour répondre : le premier trait qui s'offre à mon esprit est celui qui me paraît toujours le plus étonnant et le plus extraordinaire.

9. En Asie, il ne se trouve pas une seule nation qui puisse résister à tous les Scythes réunis.

10. L'aigle ne chasse pas aux environs de son nid ; il s'en-vole au loin, et d'un seul trait.

11. Il est difficile qu'une république aussi bien établie s'ébranle ; mais comme tout ce qui naît est périssable, cette constitution même, quelque parfaite qu'elle soit, ne peut durer toujours ; elle doit se dissoudre.

FUTUR, AORISTE 1, PARFAIT ET PLUSQ.-PARFAIT.

1. N'as-tu pas entendu dire que Xerxès, roi de Perse, substitua la mer à la terre, en coupant la montagne la plus

élevée et en séparant le mont Athos du continent ; et que, faisant passer son armée de terre sur la mer, lui-même la traversa sur son char?

2. Les laboureurs indiens vivent à la campagne avec leurs femmes et leurs enfans, et s'abstiennent entièrement de tout voyage à la ville.

3. Pendant l'absence de Solon, la discorde éclata parmi les Athéniens. Lycurgue était à la tête des Pédiens, Mégaclès des Paraliens, et Pisistrate des Diacriens.

VOIX MOYENNE.

PRÉSENT.

1. Je ne puis ni me fâcher contre un homme qui m'est proche, ni le haïr.

2. C'est une belle réponse que celle de Phocion à Antipater : Tu ne peux trouver tout à la fois en moi, un ami et un flatteur, c'est-à-dire un homme qui soit ton ami et qui ne le soit pas.

3. Tout se soumet à la raison.

4. L'envieux est son propre ennemi ; en effet, il éprouve continuellement des chagrins volontaires.

5. Pour moi, quand je dis quelque chose de touchant, mes yeux se remplissent de larmes. Mon récit est-il effrayant et terrible, mes cheveux se dressent de frayeur et mon cœur bat avec violence.

6. Les chiens paresseux laissent là leur tâche, s'éloignent du soleil pour se mettre à l'ombre, et se couchent.

7. Fuis surtout la société des buveurs, et si jamais tu t'y trouves entraîné par la circonstance, retire-toi avant l'ivresse. Quand l'ame est abrutie par le vin, il lui arrive la même chose qu'à ces chars qui ont perdu leurs conducteurs. Privés de leurs guides, ils sont emportés çà et là ; de même l'ame s'égare bientôt, quand la raison ne peut plus la diriger.

8. Que ton corps soit ami du travail, et ton ame amie de

la sagesse, afin que l'un puisse exécuter tes résolutions, et que l'autre sache prévoir ce qui est utile.

9. Quelqu'un voulait savoir d'Aristippe combien il demanderait pour élever son fils. Mille drachmes, répondit-il. Comment! répartit l'autre, qui trouvait la demande exagérée; mais pour ce prix je pourrais acheter un esclave. Fais-le, lui dit Aristippe, et tu en auras deux, ton fils et celui que tu auras acheté.

10. On dit que Démosthène, dans sa jeunesse, couchait sur un lit étroit pour se lever plus promptement.

11. Les oligarchies et les démocraties se proposent d'établir l'égalité entre tous les citoyens, et pour elles la perfection serait qu'aucun citoyen ne pût avoir plus de priviléges qu'un autre.

12. Regardez comme la plus belle et la plus solide fortune dont vous puissiez doter vos enfans, de pouvoir leur transmettre ma bienveillance.

13. Les hommes ordinairement commettent des injustices toutes les fois qu'ils le peuvent.

14. Lycurgue voulut qu'à Sparte les sacrifices fussent très peu coûteux, afin qu'on pût facilement honorer les Dieux avec ce qui se rencontrait sous la main.

15. Exerce-toi par des travaux volontaires, afin de pouvoir supporter ceux qui seront nécessaires.

16. Quel serait l'insensé qui pourrait se taire dans le vin?

17. Comment pourrions-nous conseiller aux Athéniens de faire ou de ne pas faire la guerre, si nous ne savons quelle est leur puissance?

18. Criton, Chéréphon, Chérécrate, Simmias, Cébès, Phédon et d'autres encore, recherchaient et fréquentaient Socrate, non pour devenir bons orateurs et habiles jurisconsultes, mais afin que devenus sages et vertueux ils pussent se servir convenablement de leur maison, de leurs serviteurs, de leurs parens, de leurs amis, de leur patrie et de leurs concitoyens.

19. Tu apprends à un aigle à voler.

20. Quel spectacle plus imposant qu'un roi courageux et actif! Quel spectacle plus agréable qu'un roi doux et bienveillant, qui désire et qui peut faire du bien à tous!

21. On dit que dans le pays de Sopithe, il existe une montagne de sel fossile qui peut suffire aux besoins de l'Inde entière.

IMPARFAIT.

1. Rappelez-vous que lorsque je montai sur le trône, le trésor royal était épuisé, les finances étaient dans le plus grand désordre. La confusion régnait partout : tout demandait les plus grands soins, beaucoup d'attention et de dépense. Je n'ignorais pas que dans ces conjonctures quelques-uns sont peu délicats sur les moyens de rétablir leurs affaires, et que souvent on se voit forcé d'agir contre son caractère. Rien ne m'a fait abandonner mes principes ; j'ai réglé tout avec d'intégrité la plus scrupuleuse, sans rien négliger de ce qui pouvait contribuer à la gloire et à la prospérité de l'Etat.

2. Nous savons tous qu'Agésilas, quand il espérait être utile à sa patrie, ne se rebutait pas du travail, ne s'effrayait pas des dangers, ne ménageait ni l'argent ni sa personne, et ne s'excusait pas sur sa vieillesse. Mais il regardait comme le devoir d'un bon roi de faire le plus de bien possible à ses sujets.

3. A Sparte, les rois se levaient devant les éphores.

4. Critias et Alcibiade, tant qu'ils vécurent dans l'intimité de Socrate, purent, en profitant de son secours, se rendre maîtres de leurs mauvaises passions.

AORISTE SECOND.

1. Trois fois je m'élance, et mon cœur désire la saisir ; trois fois elle échappe de mes mains, comme une ombre ou comme un songe.

2. Perses, si vous ne volez dans les airs comme des oiseaux, ou si vous ne vous cachez sous terre, comme des rats, ou si vous ne sautez dans les marais comme des grenouilles,

vous ne reverrez jamais votre patrie, mais vous périrez par ces flèches.

5. Persée, après avoir coupé la tête de Méduse, s'enfuit en volant.

FUTUR ET AORISTE 1.

1. Platon conseillait aux hommes ivres de se regarder dans un miroir, affirmant qu'ils renonceraient promptement à une habitude aussi mal séante.

2. Diogène voyant les Mégariens élever de longues murailles, leur dit : Insensés, songez, non pas à la grandeur de vos murs, mais à ceux qui se tiendront dessus.

3. Des hommes découragés n'ont jamais élevé de trophée.

§ 137.

VOIX PASSIVE.

FUTUR, AORISTE 1 ET PARFAIT.

1. Amis, la crainte me laissa sans voix.

2. Élevé en dignité, n'employez pas le ministère d'un méchant ; car le mal qu'il ferait vous serait imputé.

3. La statue de Minerve fut l'ouvrage de Phidias, et ce fut Périclès, fils de Xantippe, qui fut chargé de surveiller le travail.

§ 138.

PRIMITIFS EN ÓΩ.

VOIX ACTIVE.

PRÉSENT.

1. O mon enfant, je te donne la terre, et la mer, et le ciel, ainsi que tous les animaux qui s'y trouvent.

2. Après un agréable repas, tu nous donnes un agréable breuvage.

3. Celui qui ne trahit pas son ami est, selon moi, en grand honneur auprès des mortels et des dieux.

4. Les hommes jugent différemment, selon qu'ils sont mus par la joie ou par la tristesse, par l'amour ou par la haine.

5. Toujours les Dieux font aux petits de petits présens.

6. Donnez, et l'on vous donnera.

7. Si tu persévères dans l'étude de la sagesse, et que tu profites toujours autant que maintenant, tu deviendras bientôt tel qu'il convient que tu sois.

8. Tu sais que, quand un prisonnier racheté ne rend pas la rançon payée pour lui, les lois le constituent esclave de celui qui a payé sa rançon.

9. Les villes sont bien gouvernées, quand les hommes injustes sont punis.

10. Il n'est pas de meilleur moyen de gagner les méchans que de leur faire quelque don; mais les hommes vertueux, c'est surtout en les traitant avec affection que tu te les attacheras.

11. Le législateur des Romains défendit aux époux de se faire mutuellement des présens, afin de les convaincre que tout devait être commun entre eux.

12. Socrate demandait simplement aux Dieux de lui accorder ce qui est bon, attendu que les Dieux savent mieux que qui que ce soit ce qui est bon.

13. Personne ne descend dans les enfers, emportant ses richesses. On ne peut, moyennant rançon, se racheter ni de la mort, ni des maladies pesantes, ni des tristes approches de la vieillesse.

14. Les Perses punissent sévèrement celui qui, pouvant témoigner sa reconnaissance, ne le fait pas.

15. La terre répond avec générosité et justice aux soins de ceux qui la cultivent, leur rendant au centuple ce qu'elle a reçu d'eux, et fournissant en abondance tout ce qui est nécessaire à celui qui veut la travailler.

IMPARFAIT.

1. On ne connaissait pas encore les monnaies d'or et d'argent, mais, suivant l'ancien usage, on payait les achats qu'on faisait avec des bœufs, des esclaves, ou de l'or et de l'argent non façonnés.

AORISTE SECOND.

1. Conon mourut sans enfans, après une très courte maladie. Il avait vécu bien des années, et il était fort vieux quand il mourut.

2. Si, avant de rendre des services à la république, j'avais demandé qu'une statue fût érigée en mon honneur, dans le cas où mon entreprise réussirait, vous me l'auriez accordée ; et maintenant que j'ai réussi, vous ne me l'accorderiez pas ?

3. Énée, après avoir sauvé les dieux paternels et maternels, après avoir en outre sauvé son père, obtint une réputation de piété telle qu'il fut le seul des Troyens vaincus auquel les ennemis accordèrent de n'être pas pillé.

4. Homme, quand tu reçois, rends, et tu recevras encore.

5. Que celui qui a deux tuniques en donne une à celui qui n'en a point.

6. Salut, enfans de Jupiter, accordez - moi d'agréables chants.

7. Lysimaque dit à Philippidas, le poète comique, qui était son ami et vivait habituellement avec lui : que te donnerai-je de ce qui m'appartient ? — Ce que tu voudras, répondit l'autre, excepté tes secrets.

8. Si quelqu'un fait son ami de celui qu'il sait épris de la vertu, nous le tenons pour sage.

9. Je ne trahirais pas mon ami, même lorsqu'il serait sans vie.

10. Ce qu'on n'a pas, on ne peut le donner.

11. Alexandre ordonna à son trésorier de donner au philosophe Anaxarque tout ce qu'il lui demanderait. Le trésorier lui

ayant dit qu'il demandait cent talents : Il fait bien, répondit Alexandre, puisqu'il sait qu'il a un ami qui peut et qui veut lui faire un tel présent.

12. Solon mourut dans l'île de Cypre, après une vie de quatre-vingts ans.

13. Cérès, après l'enlèvement de sa fille, parcourant le monde, vint dans l'Attique, et y reçut de nos ancêtres ces bons offices qui ne peuvent être dévoilés qu'aux seuls initiés. Touchée de reconnaissance, elle leur fit, à son tour, les deux plus beaux présens que les dieux puissent faire aux hommes; elle leur donna l'agriculture, par laquelle nous sommes dispensés de vivre comme les brutes, et leur apprit les sacrés mystères qui, les affranchissant des craintes de la mort, remplissent leur ame des plus douces espérances d'une autre vie. Enrichie de ces présens divers, et aussi amie des hommes qu'aimée des dieux, notre ville, sans garder pour elle seule les biens qu'elle avait reçus, en a fait part généreusement à tous les autres peuples.

FUTUR, AORISTE ET PARFAIT.

1. Si nous pardonnons à ceux qui ont commis un grand crime, lorsqu'ils en rejettent l'odieux sur leurs conseillers, nous offrons aux hommes pervers un moyen facile de se justifier.

2. Jupiter, en accordant à Tithon une vieillesse immortelle, lui fit un don funeste, plus cruel que la terrible mort.

3. Homère donne une nourriture simple à tous les hommes; elle est la même pour les rois et pour les particuliers, pour les jeunes gens et pour les vieillards. Il leur fait servir à tous des viandes rôties.

4. Ceux qui n'ont pas subi d'épreuves, paraissent sages plutôt qu'ils ne le sont.

VOIX MOYENNE.

PRÉSENT.

1. Chacun de nous n'est pas né pour lui seul ; mais une partie de notre existence appartient à la patrie, une autre à ceux qui nous ont donné le jour, une autre encore à nos autres amis. Beaucoup de nos instans sont également dus aux événemens au milieu desquels notre vie s'écoule.

2. Abandonnons aux ténèbres et les mystères des Égyptiens et la nécromancie des Étrusques.

3. Aucun Indien ne se couronne pendant qu'il sacrifie, qu'il fait des libations, ou qu'il brûle des parfums sur les autels. Ils étranglent les victimes, au lieu de les égorger, pour qu'elles soient offertes entières et sans aucune défectuosité à la divinité.

4. Bien éloigné de cette ambition qui convoite les possessions d'autrui, et qui, pour entreprendre sur ses voisins, n'a besoin que de se croire des forces supérieures, on m'a vu résister aux exemples que j'avais sous les yeux, refuser même les pays qui m'étaient offerts, et préférer me renfermer avec justice dans les limites de mes anciens états, que d'en reculer les frontières par la violence et l'injustice.

5. Il est aussi honteux, quand on entend un discours utile, de ne point le retenir, que de refuser les présens que vous offre un ami.

IMPARFAIT.

1. Si quelque pirate, t'ayant rencontré sur mer, ou quelque brigand t'eût fait son prisonnier et t'eût vendu, tu gémirais de l'injustice de ton sort.

AORISTE SECOND.

1. Ceux qui nous apportent des nouvelles de Rome disent que les soldats qui lui ont vendu l'empire, ne sont pas pour lui une garde assurée, parce qu'il n'a pas tenu ses promesses.

2. On dit que Scipion le jeune, pendant les cinquante-quatre ans qu'il vécut, n'acheta rien, ne vendit rien et ne fit jamais bâtir; qu'avec de très grands biens, il ne laissa en mourant que trente-trois livres d'argent et deux livres d'or; et cela, après s'être rendu maître de Carthage et avoir enrichi ses soldats plus que ne le fit jamais aucun général.

3. Il a vendu son cheval de bataille, et, renonçant à la cavalerie, il a acheté une voiture, pour se dispenser d'aller à pied.

~~~~~~

§ 140.

VOIX PASSIVE.

FUTUR, AORISTE PREMIER ET PARFAIT.

1. Demandez, et il vous sera donné.

2. Athènes donna le poète Tyrtée aux Spartiates, pour qu'ils en fissent leur général.

3. Parmi les animaux, les uns ont des mains, comme les hommes; les autres paraissent en avoir comme les singes, car aucun des animaux privés de raison n'est susceptible de donner et de recevoir ce à quoi les mains sont destinées.

4. Pythagore disait que la vérité et la bienfaisance sont les plus beaux présens que les Dieux aient faits aux hommes.

5. La piqûre de la grande raie est sans remède, elle tue sur-le-champ. Les pêcheurs les plus accoutumés à la mer redoutent son dard; car rien ne peut guérir sa blessure, pas même celle qui l'a faite, don que la lance d'Achille paraît seule avoir possédé.

§ 141.

PRIMITIFS EN ΥΩ.

VOIX ACTIVE.

PRÉSENT.

1. Je jure par le soleil, souverain maître des Massagettes, de t'assouvir de sang, quelque altéré que tu en sois.

2. La salamandre marche, dit-on, à travers le feu, et l'éteint sur son passage.

3. Que tout citoyen dénonce aux magistrats et traîne devant les juges tout homme qui conspire pour changer violemment et illégalement la constitution.

4. Il était juste que, voulant obtenir la couronne, ils travaillassent à s'en rendre dignes.

5. Celui-là vit avec les Dieux, qui, en toute occasion, leur fait voir son ame, toujours prête à faire ce qu'ordonne le génie que Jupiter a donné à chacun pour guide et pour gouverneur, et qui n'est qu'une partie de lui-même ; car ce génie n'est autre chose que l'entendement et la raison.

6. Les Phrygiens n'emploient jamais le serment, ils ne le profèrent jamais eux-mêmes et ne l'exigent pas des autres.

IMPARFAIT.

1. Les Mages des Perses tuaient les rats comme odieux à la divinité.

VOIX PASSIVE ET VOIX MOYENNE.

PRÉSENT.

1. Je vous ordonne de vous retirer bien loin de Rome. Je vous déclare, et confirme cette menace par un serment, que je ferai punir de mort celui de vous qui se montrera en deçà de la centième borne milliaire.

5..

2. L'arc, lorsqu'il est trop tendu, se brise; l'ame, au contraire, lorsqu'elle se relâche.

3. Nous te regrettâmes, quand tu mourus, à l'égal d'Achille, fils de Pélée.

4. Celui qui, poussé par son imprudence, écoutera les Sirènes, ne verra plus dans sa maison son épouse, ses enfans assis à ses côtés; ils ne fêteront pas son retour.

5. Ne cherche pas à briller par de stériles profusions qui s'évanouissent et ne laissent après elles aucune trace; prouve ta magnificence par la beauté des biens que tu possèdes et par les bienfaits dont tu combles tes amis.

6. Témoignez-nous votre affection par des effets plutôt que par des paroles.

7. Le jour où le roi lave ses cheveux est un grand jour de fête pour les Indiens, et les riches cherchent à se surpasser les uns les autres par les présens qu'ils lui envoient.

8. Lycus de Naxos n'est pas mort sur la terre, il a vu se perdre à la fois dans la mer et son ame et son vaisseau, lorsqu'il partit d'Égine pour faire le commerce.

9. Toute l'Inde est arrosée par des fleuves, dont les uns se déchargent dans les deux plus grands, qui sont l'Indus et le Gange; les autres ont leurs embouchures propres dans la mer.

IMPARFAIT.

1. C'est le peuple de Delphes, qui, le premier, inventa le refrain de tes hymnes sacrés, alors qu'armé de ton arc d'or tu montras ton adresse.

2. Au milieu du Caucase, est un rocher de dix stades de circonférence et de quatre de hauteur. Les habitans y montraient la grotte de Prométhée, l'aire de l'aigle dont parle la fable, et même les traces des lions.

3. Chez les Égyptiens, les rois sont choisis parmi les prêtres ou parmi les guerriers; cette dernière caste étant honorée et considérée pour sa bravoure, l'autre pour sa science. Le roi choisi parmi les guerriers est sur-le-champ admis dans la caste des prêtres.

REMARQUES.

1. Évite de jurer, même quand ton serment serait conforme aux lois de la justice.

2. Ils exercent leur corps, pour donner plus de vigueur à leurs pensées.

3. Quand prouverai-je que je suis ton ami, si je ne viens pas à ton aide dans la mauvaise fortune?

4. Je veux te montrer le tombeau d'Achille.

5. Il est prouvé depuis long-temps que nous sommes nés pour la société.

6. La famine est le plus grand fléau pour les mortels.

7. Durant tout le jour, et jusqu'au coucher du soleil, nous savourons les viandes succulentes et le vin délectable.

8. Les discours de ceux qui sont le plus en état de faire du bien et du mal, sont ceux qui s'emparent le plus facilement de l'ame des auditeurs.

9. Périclès, sur le point de mourir, s'estimait heureux de n'avoir fait prendre le deuil à aucun Athénien.

10. Les Pythagoriciens, quand il leur arrivait, dans la colère, de s'emporter jusqu'aux injures, avant le coucher du soleil, se prenaient la main, s'embrassaient et se réconciliaient.

~~~~~~

§ 142.

OBSERVATIONS GÉNÉRALES.

1. Comment avez-vous pu quitter la demeure paternelle?

2. Quel mortel osa lui résister, à l'exception d'Hercule et de l'illustre Iolas?

3. Honore les hommes courageux, fuis les lâches, convaincu que la lâcheté a peu de charmes.

4. Tu ne peux bien user du jour présent, si tu ne t'es im-

posé le devoir de le passer comme s'il était ton dernier jour.

5. Le prudent Ulysse s'embarqua comme chef de l'ambassade.

6. Jupiter voulant détruire l'espèce des hommes d'airain, Deucalion se fabriqua, par le conseil de Prométhée, un coffre, dans lequel il mit toutes les choses nécessaires à la vie, et s'y retira avec Pyrrha.

7. Là, nous tous, fils des Grecs, nous combattîmes durant neuf années, et la dixième, après avoir détruit la ville de Priam, nous revînmes sur nos navires au sein de nos foyers.

8. Voilà ce qu'on dit : les juges, entourés de faux témoignages, ont, après avoir bien ruminé, beaucoup de peine à découvrir la vérité.

9. Ce fardeau, je le sais, est pénible, et pourtant il faut que tu le supportes.

10. Connais ton sort ; songe au malheur qui t'accable en ce jour.

11. O ma fille, rentre dans le palais et retire-toi dans ton Parthénon, puisque tu as satisfait ton désir et que tu as vu ce que tu voulais voir.

12. Oui, j'aime les plaisirs délicats ; mais la nature a mis aussi dans mon cœur l'amour de l'éclat et de la beauté du soleil.

13. Non jamais, j'en ai l'assurance, je ne pourrai vaincre par mes chants, ni l'habile chantre de Samos, le fils de Sicélide, non plus que Philétas : grenouille, je lutte contre les sauterelles.

14. Elle saisit cette lance forte, énorme, terrible, avec laquelle Minerve renverse les phalanges des guerriers.

15. Tous les autres poissons fuient à l'approche d'un énorme dauphin, et se pressent en tremblant dans les retraites cachées d'un port tranquille.

16. Les Athéniens parvinrent le long des côtes, avec l'armée de terre et leurs vaisseaux, vers le fleuve Téréas ; ils

s'avancèrent dans le pays, dévastèrent la plaine et brûlèrent le blé.

17. Une mauvaise pudeur accompagne l'homme pauvre, la pudeur source des biens et des maux parmi les hommes.

---

1. On dit que Laerte ne vient plus à la ville, mais qu'à l'écart, accablé de maux, il vit aux champs avec une vieille servante qui lui présente la nourriture et le breuvage.

2. Les Taures traitent ainsi les ennemis qu'ils font prisonniers : ils leur coupent la tête et l'emportent chez eux. Ils la mettent ensuite au bout d'une perche qu'ils placent sur leurs maisons, et surtout au dessus de la cheminée. Ils élèvent ainsi la tête de leurs prisonniers, afin, disent-ils, qu'elle garde et protège toute la maison.

3. Dieu fait de beaux présens à l'homme dont l'ame est belle.

4. Il représente ensuite une belle vigne d'or surchargé de raisins ; les grappes sont noires.

5. La plupart des colonnes que Sésostris, roi d'Égypte, fit élever dans les pays qu'il subjugua, ne subsistent plus aujourd'hui.

6. Cyrus désigna son fils Cambyse pour son successeur, et lui ayant remis Crésus entre les mains, il lui recommanda d'honorer ce prince et de le combler de bienfaits ; puis lui-même il traversa le fleuve avec son armée.

7. Foule aux pieds le peuple inconstant et léger, frappe-le d'un aiguillon acéré, et impose-lui un joug pesant.

8. Viens promptement à mon aide, remplis ton sein de l'eau des fontaines, précipite tous les torrens, enfle tes vagues, entraîne avec fracas et les arbres et les rochers, pour dompter cet homme farouche, qui triomphe maintenant.

9. Ne reçois et ne rends que des services conformes à la justice.

10. Jure par la terre et par le soleil, mon aïeul paternel, prends à témoin toute la race des Dieux.

11. Le lieu où l'on pourrait soi-même le plus agréablement possible se soustraire à toutes les saisons, et déposer avec le plus de sûreté ce que l'on possède, serait certainement la demeure la plus agréable et la plus belle.

12. O roi de l'univers, c'est toi qui as donné une ame à l'univers, et de cette ame tu as fait jaillir l'intelligence dans notre corps.

13. Vieillard, ne résiste pas aux rois. Il faut respecter ceux qui ont l'autorité, c'est une antique loi.

14. Déesse, cours assister les autres Grecs; car nous, l'ennemi ne nous attaquera pas.

15. Puisque tu es heureux, renonce à ta douleur.

16. Quel tort as-tu envers moi? Tu as pu donner ta fille à celui dont ton cœur a fait choix. C'est mon époux seul que je hais; mais toi, je le pense, en agissant ainsi, tu as suivi la voix de la sagesse.

17. Étends d'abord une couche d'origan, ajoute-s-y quatre branches d'arbres brisées par toi, ceins ta tête de bandelettes, dispose les fioles, et mets devant la porte le vase d'eau lustrale.

18. Dès qu'ils furent arrivés aux frontières, Cyrus, selon sa coutume, se mit aussitôt à chasser. Tous les fantassins, ainsi que tous les cavaliers, s'avancèrent rangés en ligne, afin de faire lever le gibier devant eux.

19. Si donc, après avoir suffisamment soigné notre intelligence, nous lui abandonnions le soin d'examiner ce qui concerne le corps, ne ferions-nous pas bien?

20. Si nous retournons dans Ithaque, notre chère patrie, nous bâtirons au soleil un riche temple, dans lequel nous placerons des ornemens nombreux et magnifiques.

21. Quels sont réellement ceux sur la tête de qui la raison et la justice veulent que l'on rejette la cause des événemens?

§ 144.

VERBE ĬHMI.

VOIX ACTIVE.

1. Le dauphin, en même temps qu'il avale l'eau et la rejette par ses évents, reçoit l'air dans ses poumons.

2. O très sages laboureurs, écoutez mes paroles.

3. Les troupeaux vont où leurs pasteurs les conduisent, ils paissent l'herbe des champs où ils les lâchent, et ne touchent point à ceux dont ils les écartent.

4. Teucer recommande de le retenir dans sa tente, et de ne point le laisser sortir sans escorte.

5. Quand j'appris cette nouvelle et de la bouche de ceux qui arrivaient d'Athènes et par les lettres de mes parens, dans quelle disposition pensez-vous que se trouva mon ame ? Que de larmes ne versai-je pas !

6. Artaban répondit qu'un mariage avec une femme barbare ne convenait pas à un Romain. Quelle harmonie pourrait exister entre des époux qui ne parlent pas la même langue et par conséquent ne peuvent se comprendre, entre deux époux qui diffèrent dans leur manière de se nourrir et de se vêtir ?

7. Quelle langue parlaient alors les Pélasges ? Je ne puis rien affirmer à ce sujet.

8. Il dit ; aussitôt on enlève les barrières, et les portes ouvertes assurent le salut des Troyens.

9. Malheureux, renonce à ta colère, et cherche un remède à tes souffrances.

10. Les cavaliers ennemis sont, comme vous le voyez, les derniers. Lâchez contre eux toute la troupe des chameaux.

11. Afin que je n'absolve et que je ne condamne personne par moi-même, mais que le fait lui-même trouve les coupables et laisse en paix les innocens, que celui qui le voudra se lève, et que paraissant devant vous, il déclare qu'il n'a point trempé dans les menées de Philocrate et qu'il ne les approuve point.

12. Grands dieux, combien vous manque Ulysse absent, lui qui de sa main frapperait les prétendans audacieux, si, venant à cette heure, il s'arrêtait sous les portiques de sa demeure, avec son casque, son bouclier, et deux javelots ! Pour eux tous, quelle mort prompte ! quelles noces amères !

13. Les Illyriens sont sans doute des hommes très vigoureux et d'une grande taille ; ils sont très propres aux combats et avides de carnage ; mais, d'un autre côté, ils ont l'esprit lourd et comprennent difficilement la ruse et l'adresse que l'on peut mettre, soit dans ses paroles, soit dans ses actions.

14. O mes amis, quand les méchans trop puissans et comptant sur l'impunité réussissent, ils ne connaissent plus de frein, et n'agissent qu'en vue de leur plaisir.

15. Mais si vous apprenez qui je suis, je sais bien que vous me maltraiterez et que vous ne me laisserez pas aller.

16. Le disque brillant et enflammé du soleil a parcouru la moitié de sa course, réchauffant tout de ses rayons.

17. Quelle injustice si, lorsque, pour les anciens délits d'une tutelle, la loi ne donne pas action aux pupilles, au delà de cinq ans, contre les tuteurs avec lesquels ils ne se sont pas accommodés, vous pouviez, après vingt années, avoir action contre nous, les descendans de vos tuteurs, pour les objets même sur lesquels vous avez fait avec ces tuteurs un accommodement !

VOIX MOYENNE.

1. De la partie supérieure du bûcher, qui est aussi la plus étroite, s'élance, comme d'un rempart, l'aigle qui doit s'élever dans les airs avec la flamme, et qui, suivant l'opinion des Romains, emporte l'ame de l'empereur, de la terre dans le ciel.

2. Si quelques Carthaginois font des prisonniers sur un des peuples qui, par un traité écrit, ont fait la paix avec les Romains, sans cependant leur être soumis, ils ne feront pas entrer ces prisonniers dans les ports des Romains ;

s'ils y entrent et qu'un Romain mette la main sur eux, qu'ils soient libres.

3. Le juste amour consiste a désirer sans violence ce qui est beau.

4. Le polype est sans intelligence, car si on plonge la main dans l'eau, il avance vers elle.

5. Ce que Sévère disait, il ne le pensait pas.

6. Quand les prétendans ont apaisé la faim et la soif, ils ne songent plus qu'à se livrer aux doux plaisirs du chant et de la danse.

7. Si quelqu'un vous y invite et vous persuade, soit, ne vous défendez pas, abandonnez tout à la merci de l'ennemi; mais si ce n'est l'avis de personne, si nous sommes tous d'un sentiment contraire, si nous savons tous que plus nous laisserons faire de progrès à Philippe, plus nous trouverons en lui un ennemi puissant et redoutable, pourquoi reculons-nous? Pourquoi des délais, des lenteurs?

8. A-t-on condamné des accusés vulgaires, personne ne sait ni ne s'embarrasse de savoir quelle peine ils ont subie; mais pour ceux qui sont célèbres, tout le monde s'en informe, et on loue les juges, lorsqu'ils n'ont pas sacrifié la justice au crédit des accusés.

9. On disait que Mœsa avait d'immenses richesses et qu'elle était prête à les distribuer aux soldats, s'ils rendaient l'empire à sa famille.

10. Chéréphon et Chérécrate étaient deux frères, dans des dispositions telles que seraient celles des deux mains si, après avoir été créées par Dieu, pour se seconder, elles renonçaient à cette mission pour ne chercher qu'à se nuire l'une à l'autre; ou bien encore telles que seraient celles des deux pieds, si, destinés qu'ils sont par la volonté divine à agir de concert, ils négligeaient ce devoir pour se faire mutuellement obstacle. Or, n'est-ce pas le comble de l'ignorance et de la folie que ce qui est destiné à se prêter secours ne cherche qu'à se nuire? Et encore deux frères, selon moi, sont appelés par la divinité à se prêter un se-

cours bien plus efficace que les mains, les pieds, les yeux, et tout ce que la nature nous a donné double.

11. Athéniens, si nous abandonnons les Olynthiens et que Philippe renverse Olynthe, qu'on me dise ce qui pourrait désormais l'empêcher d'aller où il voudra.

12. Denys le tyran, irrité contre Platon, le donna au Lacédémonien Polis pour le vendre. Celui-ci l'ayant emmené à Egine, l'y vendit. Annicéris de Cyrène, qui se trouvait par hasard dans cette île, le racheta vingt mines et le renvoya à Athènes, près de ses amis. Ceux-ci aussitôt lui renvoyèrent l'argent qu'il avait déboursé; mais il ne voulut pas le recevoir, ajoutant qu'ils n'étaient pas seuls dignes de s'intéresser à Platon.

VOIX PASSIVE.

1. Il viendra un temps où il ne restera pas pierre sur pierre sans qu'elle soit détruite.

2. Lorsque j'étais de retour des écoles, je ramassais partout de la cire, j'en formais des bœufs, des chevaux, et même des hommes, qui n'étaient pas mal faits, du moins au jugement de mon père.

3. Les Lacédémoniens qui s'étaient rendus chez le roi de Perse pour lui donner satisfaction de la mort de ses ambassadeurs, furent renvoyés sains et saufs, et même, admirant leur courage, le roi les pria de rester auprès de lui; et comment, répondirent-ils, pourrions-nous renoncer à une patrie pour le salut de laquelle nous n'avons pas craint de venir chercher si loin la mort?

4. Il y a chez les Assyriens trois tribunaux, l'un des hommes qui ont déjà passé l'âge de porter les armes, l'autre des personnes les plus distinguées, le troisième des vieillards.

REMARQUES.

1. Là puissante Minerve leur envoie un vent favorable, qui souffle avec violence du haut des cieux, afin que le navire sillonne rapidement l'eau salée de la mer.

2. C'est pourquoi je leur parle en paraboles, parce qu'en

voyant ils ne voient pas , et qu'en entendant ils n'entendent
ni ne comprennent.

3. Nul de ceux qui vivent aujourd'hui n'aurait osé les attaquer. Cependant ils écoutaient mes conseils et cédaient à
mes paroles : obéissez-moi donc, puisque l'obéissance est le
parti le plus salutaire.

4. Darius, marchant à grandes journées, rencontra, en arri-
vant en Scythie, les deux corps d'armée des Scythes. Il ne
les eut pas plutôt trouvés qu'il se mit à les poursuivre ;
mais ils avaient soin de se tenir à une journée de lui. Et
comme Darius les suivait sans relâche, ils s'enfuyaient,
suivant les conventions faites entre eux , chez les peuples
qui avaient refusé leur alliance.

5. Dès qu'Euctémon fut mort, Androclès et Alcé poussèrent
l'audace jusqu'à garder le corps dans l'intérieur de la maison, retenant les esclaves et faisant en sorte qu'aucun d'eux
ne pût annoncer la mort d'Euctémon , ni à ses deux filles ,
ni à son épouse, ni à aucun de ses parens. Et lorsque l'é-
pouse et les filles, instruites d'ailleurs, se présentèrent, ils
ne leur permirent pas d'entrer, mais, fermant la porte, ils
leur dirent que ce n'était pas à elles à ensevelir Euctémon.

6. O roi de tous les Grecs, je t'amène ta fille, à laquelle autrefois dans ton palais tu as donné le nom d'Iphigénie.
Sa mère, ta royale épouse Clytemnestre , l'accompagne.
Mais comme elles ont fait une longue route, elles reposent leurs pieds délicats auprès d'une fontaine limpide.
Leurs coursiers aussi se reposent : nous les avons laissés en
liberté paître l'herbe de la prairie.

7. Et voilà qu'on lui présenta un paralytique étendu sur
son lit , et Jésus voyant leur foi , dit au paralytique : Mon
fils , prends confiance , tes péchés te seront remis.

8. Pour moi, je ne crois pas qu'il existe un homme assez
chaleureux et assez brave pour que , s'il rencontre la nuit,
à une heure indue, des cadavres encore palpitans, il ne
retourne point sur ses pas, afin de prendre la fuite, plutôt
que d'exposer sa vie en cherchant à s'enquérir des meurtriers. Et bien plus , si les assassins , après avoir fait ce

qu'il est dans leur nature de faire, ont été assaillis à leur tour par des gens qui les ont tués pour prendre leurs vêtemens ; on ne pourrait convenablement renvoyer ces derniers comme non suspects ; mais moi, je suis à l'abri de tout soupçon.

9. Ceux qui habitent l'intérieur des terres et non les rivages doivent savoir que, s'ils ne défendent pas les habitans des côtes, ils auront plus de difficulté pour se défaire de leurs récoltes et pour recevoir en échange ce que la mer donne au continent. Il ne faut donc pas qu'ils jugent mal nos propositions, comme étrangères à leurs intérêts, mais qu'ils s'attendent, s'ils abandonnent les villes maritimes, à voir un jour le danger s'avancer jusqu'à eux.

10. Nous voici parvenus aux extrémités de la terre, dans les solitudes de la Scythie, dans un désert inhabité. Vulcain, c'est à toi de songer à l'exécution des ordres que ton père t'a donnés.

11. Avance ; laisse là tes enfans. — Jamais tu ne pourras me les enlever.

12. Parmi les chiens, il en est qui poursuivent le gibier d'abord avec beaucoup d'ardeur et qui se relâchent ensuite par mollesse ; d'autres qui les suivent, et finissent par perdre la piste.

§ 145.

1°.

1. Les conducteurs sont immobiles sur leurs siéges, et, le cœur palpitant, ils brûlent de remporter la victoire. Chacun d'eux presse ses chevaux, qui volent en soulevant la poussière de la plaine.

2. Cependant Diomède, à la voix retentissante, poursuivait Énée, bien qu'il sût qu'Apollon lui-même le protégeait de son bras ; mais, sans respecter ce dieu puissant, toujours il brûlait de tuer Énée et de le dépouiller de ses armes brillantes.

1. Tels ne sont pas leurs serviteurs ; ce sont de jeunes hommes couverts de brillantes tuniques et de riches manteaux, dont les cheveux et le beau visage sont parfumés d'essence.

2. Elle était couverte d'un voile plus brillant que l'éclat de la flamme, elle avait des bracelets arrondis et de riches pendans d'oreilles. Autour de son cou délicat serpentaient de superbes colliers d'or, d'un travail admirable.

3. A leur tête on voyait Mars et Pallas, d'or tous les deux, et revêtus de tuniques d'or.

3°.

1. Inutile fardeau de la terre, je suis resté près de mes vaisseaux, quoique nul des Grecs à la tunique d'airain ne m'égale dans les combats. Mais il en est de plus habiles dans les conseils.

2. L'intendante vénérable du palais place des alimens devant moi et m'invite à manger ; mais je n'y trouvais aucun plaisir ; je restais assis, occupé d'autres soins, et mon esprit prévoyait des malheurs.

3. Déjà l'armée était rassemblée et réunie ; mais l'impossibilité de mettre en mer nous retint à Aulis.

4. Le temps où les aigles chassent et où ils volent est depuis l'heure du dîner jusqu'au soir. Le matin, ils restent tranquilles jusqu'à l'heure où la place publique commence à se remplir.

5. On demandait au peintre Apelle pourquoi il avait représenté la Fortune assise : C'est, répondit-il, qu'elle n'est jamais debout.

6. Le lendemain, à la pointe du jour, les prytanes convoquèrent le sénat dans le lieu de ses délibérations ; vous, de votre côté, vous vous rendîtes à l'assemblée du peuple et

avant qu'on eût rien discuté, ni rien préparé au sénat, le peuple avait déjà pris ses places (1).

7. Nous nous tenons dans l'attitude des supplians, devant les autels des Dieux, afin qu'ils viennent à notre secours.

8. Si vous vous bornez à secourir Olynthe, et que Philippe, voyant ses états hors de danger, puisse donner tous ses soins, toute son attention au siége de cette ville, avec le temps il s'en rendra maître. Ainsi, vos secours doivent être considérables et dirigés sur deux points à la fois.

§ 146.

II. ÍHMI, ALLER.

1. Pour moi, avant ce temps, aucun breuvage, aucun aliment n'entrera dans mon sein, puisque mon fidèle compagnon a péri.

2. Il faut toujours qu'en pays ennemi on fasse la guerre animé d'une courageuse assurance, mais que, de fait, on se tienne prudemment sur ses gardes ; alors on peut avoir autant d'intrépidité pour attaquer l'ennemi, que de sécurité contre ses entreprises.

3. Toute la nation des Germains qui se rappelait ce qu'elle avait souffert alors que Julien était César, n'eut pas plus tôt appris sa mort que, bannissant la crainte qu'il avait imprimée dans leurs ames, et reprenant son audace naturelle, elle se précipita sur toutes les contrées soumises à l'empire romain.

4. Panthée ayant tiré une épée qu'elle destinait depuis long-temps à cet usage, s'en perça le sein ; puis, ayant posé sa tête sur la poitrine de son époux, elle mourut. Dès que Cyrus fut informé de l'action de cette femme, il accourut tout consterné pour la secourir, s'il était possible.

(1) Ἄνω καθῆτο. Cette expression s'entend toujours des assemblées tenues dans le Pnyx. Le lieu où se plaçait le peuple était une colline circulaire.

5. Dès qu'elle aperçoit le cadavre nu, elle laisse éclater ses sanglots, et vomit les plus affreuses imprécations contre ceux qui ont commis ce crime. Et aussitôt, avec ses mains, elle le recouvre de poussière, et avec un vase d'airain artistement travaillé elle couronne trois fois le mort de ses libations. A cette vue nous accourons, et nous la saisissons, sans qu'elle montre aucun trouble.

6. Quand les Chaldéens qui poursuivaient virent des hommes armés d'épées s'avancer à leur rencontre, quelques-uns s'approchèrent et furent promptement tués; les autres s'enfuirent, et quelques-uns d'entre eux furent pris.

7. Alors Xénophon aperçoit le sommet de la montagne qui s'élevait au-dessus de l'armée grecque, et remarquant que de ce point on pouvait parvenir à la colline qu'avaient occupée les barbares, il dit : Chirisophe, ce que nous avons de mieux à faire, c'est de nous rendre le plus promptement possible sur ce point élevé; car une fois que nous en serons maîtres, ceux qui dominent sur la route ne pourront plus garder leur position.

8. Aussitôt, en sortant d'ici, je le suivais par derrière.

9. A Platée, dans le camp des Éginètes, était Lampon, fils de Pythéas; il avait conçu un projet impie qu'il vint communiquer à Pausanias.

10. Cyrus trouvant qu'ils y allaient trop mollement, ordonna, comme dans un mouvement de colère, aux Perses les plus distingués de sa suite d'aller pousser à la roue. Et l'on vit en cette circonstance un exemple de leur discipline; car jetant leurs robes de pourpre en quelque endroit que chacun d'eux se trouvât, ils s'élancèrent comme s'ils couraient à la victoire.

11. Marchez en avant, exhortez-vous les uns les autres, et puisse Jupiter, roi terrible de l'Olympe, vous accorder de repousser cette attaque et de poursuivre nos ennemis jusque dans Ilion.

§ 147.

III. EIMI, ALLER.

1. Donnez-moi un navire agile et vingt rameurs. Je veux aller à Sparte et dans la sablonneuse Pylos.

2. Malheureuse, pourquoi cries-tu? Tu es entre les mains d'un plus fort que toi. Tu iras partout où je te conduirai, quelque bonne chanteuse que tu sois.

3. Sors d'ici, misérable, sois satisfait d'avoir pris ton repas, ou soudain frappé de ce tison, tu seras mis dehors.

4. Cyrus pendant qu'il dormait dans son palais, eut un songe. Il lui sembla voir un être plus grand que nature qui lui disait : Prépare-toi, Cyrus, car bientôt tu vas te rendre chez les Dieux.

5. Ils envoient quelques-uns de leurs affidés pour annoncer que Commode est mort, et que Pertinax se rend au camp pour y recevoir l'empire.

6. Nous ne retournerons point à nos travaux, ni autre part, qu'elle n'ait épousé celui des Grecs qu'elle voudra.

7. Quelle est ton opinion sur la route à suivre? Reprendrons-nous le chemin que nous avons suivi, ou crois-tu pouvoir en imaginer un meilleur?

8. Qui êtes-vous, scélérats? Que voulez-vous? Pourquoi venez-vous importuner un homme qui travaille pour gagner un salaire? Coquins, je vous en ferai tous repentir, car je vais à l'instant vous écraser de mottes de terre et de pierres.

9. Ceux qui entendent des philosophes ne s'en retournent pas tous enthousiastes et blessés; (1), mais ceux-là seulement dont l'ame a quelque affinité avec la philosophie.

10. Mais approche un peu, que je te caresse avec mon hoyau.

11. Ne porte chez le devin ni désir, ni aversion; ne l'approche point en tremblant, mais bien convaincu que l'é-

---

(1) Notre vieux mot *féru* rendrait mieux le sens de τραυματίας.

vènement, quel qu'il puisse être, sera une chose indifférente et qui ne te regarde pas.

12. Que chacun reste et s'en aille quand il le voudra.

13. O enfans des Grecs, allez, délivrez votre patrie, délivrez vos enfans, vos femmes, les temples des Dieux paternels, les tombeaux de vos ancêtres. Il s'agit dans cette lutte de tous vos intérêts.

14. Si une bête de charge ou un autre animal tue un homme, les parens du mort poursuivront l'affaire devant les juges, à moins qu'il ne s'agisse d'un animal à qui, dans les jeux publics où il figure, un pareil accident arriverait.

15. Non, par Cérès, je ne puis deviner lequel de vous deux est un Dieu. Mais entrez, mon maître et Proserpine sauront vous reconnaître, car tous deux aussi sont des Dieux.

16. Et moi, mon cher fils, où dois-je aller? Irai-je dans la demeure de quelqu'un des hommes qui règnent sur l'âpre Ithaque, ou me rendrai-je directement dans ton palais auprès de ta mère?

17. Souviens-toi, Lycinus, quand tu iras au spectacle, d'y retenir une place pour moi à côté de la tienne, afin que tu n'en reviennes pas seul plus sage.

18. Le bonheur nous cause d'autant plus de joie, que nous avons eu plus de mal avant d'y arriver.

19. Tout ce que tu as fait de grand, si je parlais à d'autres que toi, je ferais bien de le raconter; mais quand je m'adresse à toi, il y aurait vraiment folie et perte de temps à te rappeler tes propres actions.

20. Le temps, dans sa marche féconde, enfante des jours et des nuits sans nombre.

21. On connaît qu'un essaim se porte bien, quand il fait beaucoup de bruit, et que la sortie et la rentrée des abeilles sont accompagnées de grands mouvemens.

22. Chirisophe, après avoir passé le fleuve, ne poursuivit pas la cavalerie ennemie, mais aussitôt il se dirigea vers les collines qui dominaient sur le fleuve, pour attaquer

les ennemis qui s'y étaient postés. Ceux-ci voyant leurs cavaliers en fuite, et les hoplites grecs marchant contre eux, abandonnèrent les hauteurs qui s'élevaient au-dessus du fleuve.

23. Une marâtre est pour les enfans d'un premier lit un ennemi non moins redoutable que la vipère.

IMPARFAIT ET TEMPS PASSÉ.

1. Aussitôt Vénus courut appeler Hélène. Elle la trouva sur le sommet d'une tour, environnée d'une foule de Troyennes.

2. A ces mots, il reçoit la lance d'airain. Le jeune héros entre et franchit le seuil de pierre.

3. Les prétendans se rendaient dans la demeure du divin Ulysse.

4. Pour moi, je me dirigeai vers mes navires rangés sur le sable.

5. Alors je me rendis chez un autre d'entre ceux qui passaient pour être plus sages que lui.

6. Je m'en retournai donc et rentrai dans l'étable.

7. Et toi qui étais présent, toi qui me voyais frustrer la république d'un avantage si grand et d'une alliance si importante, comme tu viens de le dire avec une emphase tragique, t'en es-tu indigné? T'es-tu présenté devant le peuple, pour lui dévoiler les crimes dont tu m'accuses aujourd'hui?

8. Le fils de Pélée retourne vers sa tente et vers ses vaisseaux avec ses compagnons et le fils de Ménétius.

9. Démocrite d'Abdère parcourut beaucoup de pays. Il alla chez les Chaldéens, à Babylone, chez les Mages, et chez les Gymnosophistes de l'Inde.

10. Quand nous fûmes arrivés au chemin qui longe la muraille, car il habite près des portes, nous le rencontrâmes, ayant recouvré l'usage de ses mains et les forces de son corps, mais faible encore d'esprit et ayant grand besoin de consolation.

11. Nous entrons donc, nous abordons Protagoras, et je

lui dis : Protagoras, nous venons te trouver, moi et Hippocrate que voici.

12. Lorsque Philippe, maître d'Elatée, eut fortifié cette ville, vous vous mîtes en campagne, et vous entrâtes dans Thèbes, munis de vos armes et avec un corps d'infanterie et de cavalerie.

13. Vous n'avez pas été dans ce pays.

14. Deux grenouilles voyant le marais qu'elles habitaient desséché, allaient çà et là, cherchant un lieu où elles pussent s'établir.

15. Cependant le bruit produit par les pas des hommes et des chiens arrive jusqu'à lui, lorsque les chasseurs s'avancent.

16. Avec eux s'avançaient Mérion et l'illustre fils de Nestor.

17. Tous deux, pleins de confiance dans leur savoir, allaient avec courage au-devant des questions, comme les sangliers se précipitent au-devant des blessures.

MOYEN.

1. Je vais monter sur un tertre, afin de tout découvrir.

2. Le puissant Agamemnon frappe le bouclier qui ne peut résister au javelot, et l'airain traversa de part en part.

---

§ 148.

IV. ΦΗΜΊ, DIRE.

ACTIF.

PRÉSENT.

1. Pour moi, je conseille dans le danger de ne pas avoir pour la loi plus de respect que ne l'exige la nécessité.

2. Trouves-tu que je ne t'aie pas suffisamment prouvé qu'il ne faut pas respecter toutes les opinions des hommes, mais qu'il en est qui sont dignes de notre respect, et d'autres qui ne le sont pas? Que cela ne s'applique pas aux

6.

opinions de tous les hommes, mais aux opinions de certains hommes et non à celles de certains autres? Qu'en dis-tu? Cela ne te paraît-il pas bien prouvé? — Parfaitement.

3. Aristote, importuné par un bavard, et fatigué des récits inconvenans de cet homme, qui lui répétait souvent : Cela n'est-il pas étonnant, Aristote? Ce n'est pas là ce qui est étonnant, dit-il; c'est qu'un homme qui a des pieds reste là à t'entendre.

4. Nous nous regardons comme Autochthones, et nous prétendons que cette ville a été fondée avant toutes les autres.

5. Ils n'osèrent pas se présenter devant vous, et dire : Athéniens, vous nous avez trompés et vous nous prêtez des discours que nous n'avons pas tenus; mais non, ils se sont retirés en silence.

6. La musique qu'on n'entend pas, n'est, comme on le dit, d'aucune utilité.

7. Thalès, comme le disent Hérodote, Duris et Démocrite, avait pour père Examius, et pour mère Cléobuline, de la famille des Thélides, qui sont Phéniciens, les plus nobles des descendans de Cadmus et d'Agénor, ainsi que Platon le rapporte.

8. Qui est le plus capable de faire paître un troupeau de brebis? Quel nom donne-t-on à cet homme? — le berger. — Les lois du berger ne sont-elles pas les meilleures de toutes pour les brebis? réponds. — J'en conviens.

9. Quelle terre quittais-tu, quand tu es venu chercher l'hospitalité dans cette ville? Quelle est cette terre, quelles sont les bornes de ta patrie? Quel est celui qui t'a donné le jour? Quel est celui dont tu te vantes d'être le fils?

10. Ne donne pas une épée à un enfant, dit le proverbe. Moi je dirais plutôt : Ne donnez pas la richesse à un enfant, ne laissez pas un homme dans l'ignorance.

11. O mon ami, ne conviendrons-nous pas que les usages

sont bons ou mauvais par les raisons suivantes? ils sont bons, quand ils soumettent à l'essence humaine, ou plutôt encore divine, les inclinations brutales de notre nature; ils sont mauvais quand ils asservissent à nos penchans sauvages, ce qu'il y a de doux et de bon en nous.

12. Comment dire qu'un homme s'est levé, quand il s'est levé par force?

13. Mais, direz-vous, il fallait alors se faire donner des gages, afin que s'il voulait tromper il fût dans l'impossibilité de le faire.

14. Les juges lacédémoniens firent venir les Platéens et leur demandèrent si, pendant cette guerre, ils avaient fait quelque bien aux Lacédémoniens et aux alliés; sur leur réponse négative, ils étaient emmenés et mis à mort. Personne ne fut excepté.

15. On dit qu'Alcibiade, avant l'âge de vingt ans, s'entretenait ainsi, au sujet des lois, avec Périclès son tuteur et le chef de l'État : Dis-moi, Périclès, pourrais-tu m'apprendre ce que c'est qu'une loi?

16. Il leur répondit par cet apologue : Un joueur de flûte, leur dit-il, ayant aperçu des poissons dans la mer, joua de la flûte, s'imaginant qu'ils viendraient à terre; se voyant trompé dans son attente, il prit un filet et enveloppa une grande quantité de poissons, qu'il tira sur le bord.

IMPARFAIT.

1. Eh bien! donc, dit-il, tâche de m'expliquer ta pensée sur ce que je vais te demander. — Très volontiers, lui dis-je.

2. Maintenant tu me prouveras si tu disais vrai, quand tu prétendais que tu avais plaisir à me voir.

3. Enfin, tu prétendais que je t'ai trahi. Je pourrais au contraire t'accuser d'avoir épuisé tous les moyens pour me chasser de ta maison, et de m'avoir jeté à la porte la tête la première.

4. Agis, fils d'Archidamus, répondait à ceux qui lui di—

saient que quelques membres de l'autre famille royale lui portaient envie : Eh bien ! dit-il, ils auront deux motifs pour s'affliger, leurs propres malheurs et le bien qui m'arrivera à moi et à mes amis.

5. Nous entendions par possession tout ce qui peut être utile à chacun pour son existence.

6. Et en entendant ces paroles, vous les accueillîtes favorablement. Vous disiez que le langage de Python était conforme à la justice ; et il l'était en effet.

7. Les Myriarques ont rangé les Égyptiens par corps de dix mille hommes, sur cent de front et cent de hauteur ; car ils disent que tel est l'ordre de bataille dans leur pays.

8. Socrate leur demanda à tous deux s'il était permis de s'enquérir des édits dont il n'avait pas connaissance ; ils répondirent affirmativement.

FUTUR ET AORISTE

1. Et les amis, Critobule, si l'on sait les mettre à profit, comment les appeler ? Des biens, par Jupiter, répondit Critobule, et à bien plus juste titre que les bœufs, puisqu'ils sont plus utiles que ces animaux.

2. Périclès répondit à un ami qui le priait de rendre en sa faveur un faux témoignage qui devait être accompagné d'un serment : Je suis ton ami jusqu'à l'autel.

MOYEN.

1. Je dis, il prend la coupe et boit. Il goûte un doux plaisir en savourant cet agréable breuvage, et m'en demande une seconde fois.

2. C'est ainsi qu'il parle, et au fond de l'ame ils sont saisis d'étonnement. Ils ne croyaient pas que Télémaque irait à Pylos, ville du roi Nélée ; mais ils se disaient que ce héros était allé dans ses champs, pour voir ses brebis ou le gardien de ses porcs.

3. Noble fils de Laërte, ingénieux Ulysse, maintenant confie ton secret à ton fils ; ne lui cache rien.

4. Pour vous, rapportez ma réponse aux chefs des Grecs ; c'est le devoir de vénérables envoyés.

5. Je ne peux ni lui dire une parole, ni l'interroger.

6. Pisistrate s'étant fait des blessures, se présenta au milieu de la place Héliée, et s'écria qu'il avait été ainsi maltraité par ses ennemis. Puis il demanda que les jeunes gens lui fournissent une garde de quatre cents hommes.

REMARQUES.

1. J'annonçai qu'il souffrirait bien des maux, qu'il perdrait tous ses compagnons, et qu'inconnu de tous, à la vingtième année il reviendrait dans ses foyers ; c'est maintenant que tout va s'accomplir.

2. Tu disais autrefois que sans armée, sans alliés, tu défendrais la ville, seul avec tes frères et les époux de tes sœurs.

3. Il pensait qu'en ce jour il prendrait la ville de Priam.

4. Je me promenais sous le portique, quand je rencontrai Thersagoras. Dès que je l'aperçus venant de mon côté : Salut au poète Thersagoras, m'écriai-je ; d'où vient-il et où va-t-il ? — Je sors de chez moi, me répondit-il, et je viens ici. — Pour te promener ? — Sans doute, et j'en ai besoin.

5. Me voilà venu près de la porte vers laquelle je devais d'abord me diriger. Esclave, esclave ! viens donc, esclave, te dis-je. — Qui a donc ainsi frappé à la porte ?

~~~~~~

§ 149.

V. ἼΣΗΜΙ, SAVOIR.

ACTIF.

1. Je sais parfaitement cela.

2. Alors moi : tu me connais, deux fois de mon poing j'ai frappé sa joue.

5. O Praxinoé, la belle chose? Cette femme est heureuse d'être si savante, heureuse de chanter si agréablement.

4. Nous ne savons pas quel est ton père et comment tu as tué ton frère.

5. Vous savez vous-même de quel prix est dans une maladie une femme attentive auprès de son époux.

6. Les Indiens ne prêtent pas à intérêt et ne savent pas ce que c'est qu'emprunter.

7. Sache que les esprits inflexibles s'abattent aisément. Le fer le plus fort, durci encore par l'action du feu, tu le vois le plus souvent se briser et se rompre.

8. Si quelqu'un pense que ceux qui ne sont pas heureusement nés ne peuvent, par de bons soins, par une sage éducation, réparer, autant que faire se peut, le défaut de la nature, celui-là est dans une grande, dans une complète erreur.

9. Et désormais, s'il est bien évident que vous et nous combattons d'accord les Lacédémoniens, sachez que beaucoup de leurs ennemis se déclareront.

10. Si les grammairiens, parce que chaque nom montre physiquement s'il est ou masculin, ou féminin, ou neutre, prétendent pouvoir affirmer que les choses arrivent les unes d'une manière, les autres d'une autre, qu'ils sachent bien qu'ils ne font que resserrer en l'usant le collier qu'ils portent au cou.

11. O fils de Léda et de Jupiter, j'obéis à vos ordres et mets un terme à ma lutte au sujet de votre sœur. Qu'elle retourne dans sa patrie, puisque telle est la volonté des Dieux. Mais sachez tous deux que vous êtes issus du même sang que la sœur la plus vertueuse et la plus sage.

12. Le roi de ce temple, Apollon Loxias, à qui rien n'échappe, avait connaissance de toutes ces choses. Car le mensonge n'a pas d'accès près de lui. Il n'est point de dieu, il n'est point de mortel qui puisse lui dérober ses actions ou ses pensées.

13. Nul ne le savait parmi les Dieux et les hommes; mais seules, Eurynome et Thétis, en étaient instruites, elles qui m'avaient sauvé.

MOYEN.

1. Il est très bon d'avoir connaissance de tout ce qui est bien.

2. Il est mal de laisser attendre long-temps ce qu'on demande avec justice, et de ne pas reconnaître les services qu'on nous a rendus.

3. Ne disais-tu pas tout à l'heure (et il ne m'était pas même permis d'ouvrir la bouche), que ni les chevaux, ni les terres, ni les troupeaux, ni l'argent, que rien enfin n'était un bien pour qui ne savait point s'en servir? On peut bien tirer des revenus de pareilles possessions; mais moi, qui de ma vie n'en ai eu en propre, comment veux-tu que je sache les faire valoir?

§ 150.

VI. KEĨMAI.

1. Les actions courageuses et graves, les Romains les appellent effrayantes; une conduite dissolue et désordonnée passe pour de la douceur à leur yeux et leur est agréable. Voilà pourquoi ils sont défavorablement disposés à l'égard de mon gouvernement, qui est sévère et sage.

2. Apprends à connaître les choses humaines et ne t'afflige pas outre mesure; car tu n'es pas seule exposée à l'infortune.

3. Ce n'est pas seulement l'argent blanc et l'or qui servent de monnaie; la vertu aussi est pour tous les mortels une monnaie dont il faut se servir.

4. O étranger, annonce à Lacédémone que nous sommes morts ici, obéissant à ses lois.

5. Je vous laisse la vie comme un don de mon humanité,

6..

et j'ordonne aux soldats qui vous entourent de vous désarmer, et de ne vous renvoyer que dépouillés des vêtemens militaires dont vous pourriez être revêtus.

6. Les reins sont placés auprès de l'épine du dos, et ils ressemblent par leur conformation à ceux du bœuf.

7. Bois, prends place près de nous et accepte cette santé.

8. Qu'une table abondante soit servie devant toi, et puisses-tu avoir toujours abondamment de quoi vivre!

9. Oui, je ferai mention de toi, car tu ne mérites pas de rester ici oubliée après ta mort, illustre épouse d'Archenautès, Xantippe, descendante de Périandre, qui autrefois commanda aux peuples du haut de la citadelle de Corinthe.

10. On a vu des œufs, placés dans des vases que l'on échauffait, se mûrir au point que les petits en sortaient d'eux-mêmes.

11. La reconnaissance assise sur des bases solides est un trésor.

12. Si quelqu'un alors s'irrita sans raison contre moi lorsqu'il souffrait, qu'aujourd'hui, considérant la vérité, il change de sentiment; ou si quelqu'un conçut mauvaise opinion de moi pour mon attachement au peuple, qu'il ne croie pas justes pour cela ses ressentimens.

13. Ah! que n'ai-je perdu la vie avant le jour où je t'envoyai sur une terre étrangère, après t'avoir de ces mains dérobé et arraché au carnage! Le même jour t'aurait vu périr et partager le tombeau d'un père.

14. Quand Alexandre Sévère monta sur le trône, il portait, il est vrai, les insignes et le nom d'empereur; mais l'administration des affaires, la direction du gouvernement, étaient entre les mains des femmes.

15. Les rois de Perse poussaient si loin le luxe qu'ils avaient à la tête du lit royal une salle à cinq lits où se trouvaient toujours en réserve cinq mille talens en or: c'est ce qu'on appelait l'oreiller du roi. Au pied du lit était une

autre pièce à trois lits où il y avait trois mille talens d'argent : on l'appelait le marchepied du roi.

16. Semblable à la roue d'un char, la vie court toujours agitée ; nous ne serons plus qu'un peu de poussière quand nos ossemens se seront décomposés.

17. Cette opinion, jusqu'à ce qu'elle soit enracinée parmi nous, il est impossible qu'elle ne soit pas contestée.

18. Comme ils ne purent trouver le tombeau d'Oreste, ils envoyèrent demander à l'oracle en quel lieu reposaient les restes de ce héros.

19. Si tu y fais attention, tu verras que je n'ai pas peu d'influence sur le gouvernement de l'Égypte, que mon emploi consiste à tirer les causes au sort, à leur assigner le rang qu'elles doivent avoir, à conserver avec la plus scrupuleuse exactitude les décrets de l'empereur, à les publier, et à veiller à leur maintien.

LIVRE TROISIÈME.

CHAPITRE Ier.

DES PRÉPOSITIONS.

§ 152.

1. Les cheveux croissent dans certaines maladies.

2. Il est fâcheux d'entraîner ses amis dans le malheur.

3. Sévère voulant éloigner ses fils de Rome, afin qu'ils passassent sagement leurs jeunes années au milieu de la vie des camps, loin des plaisirs et des distractions de Rome, ordonna l'expédition contre la Bretagne.

4. La pie fait son nid sur les arbres avec du poil ou de la laine. Lorsque les glands sont prêts à manquer, elle en rassemble et les cache.

5. Les mortels rencontrent bien des maux sur la mer, mais beaucoup aussi sur la terre.

6. Un début coupable donne lieu à une fin coupable.

7. L'île appelée autrefois, d'après sa forme, Trinacrie, puis, des *Sicaniens* qui la peuplèrent, *Sicanie*, a reçu enfin le nom de Sicile, des Siciliens, dont toute la nation quitta l'Italie pour passer dans cette île.

8. L'aigle semble chasser ses petits aiglons du nid par jalousie.

9. Les particuliers, quand leur patrie ne fait pas la guerre dans l'intérêt commun, peuvent se rendre où bon leur semble, sans craindre que quelqu'un les tue ; mais les tyrans voyagent partout comme sur une terre ennemie.

10. Agésilas, voyant que la cavalerie de Pharnabase ne

lui permettait pas en Phrygie de se risquer en rase campagne, résolut de se créer aussi une cavalerie, afin de ne plus faire la guerre comme un homme qui fuit.

11. Il perçait de ses traits les lions et les panthères, et jamais personne ne le vit lancer un second trait, ni faire autre blessure qu'une blessure mortelle ; car à peine l'animal s'était-il élancé qu'il était blessé au front ou au cœur.

12. Hâte-toi de venir nous trouver ; ami, tu viendras auprès d'un ami.

13. Asclépiade, l'avare, aperçut un rat dans sa maison. Cher rat, lui dit-il, que viens-tu faire chez moi ? Alors le rat, souriant agréablement : Ne crains rien, mon cher, lui dit-il, je ne viens pas chez toi chercher de la nourriture, mais une demeure.

14. Dans cette partie de la Thrace, nommée autrefois Cédropolis, il se fait auprès des marais une chasse aux oiseaux, à laquelle les hommes et les éperviers prennent part en commun.

15. Après l'obscurité des nuits on voit de nouveau la lumière, l'aurore reparaît, et le jour luit de nouveau.

16. L'homme qui préférerait être pauvre en restant vertueux plutôt que de devenir riche en se montrant injuste, pourrait-il ne pas éviter les gains honteux ?

17. La gloire des mortels s'accroît avec les dangers.

18. Nous donnerons à ceux qui voudraient nous décrier une juste occasion de le faire, si nous lapidions un homme, sans lui permettre de se justifier.

19. Les guêpes naissent sous terre.

20. Évagoras gouvernait Salamine avec tant de piété et d'humanité, que les étrangers qui venaient dans cette ville n'enviaient pas plus l'autorité d'Évagoras que le bonheur de ceux qui vivaient sous son sceptre.

21. Tu vois ces tertres en dehors des villes, ces stèles, ces pyramides : ce sont autant de sépulcres, autant de lieux destinés à conserver les corps de ceux qui ne sont plus.

22. J'ai souvent, avec tous les Perses qui m'accompagnent, chassé près des frontières de ton pays et de l'Arménie.

23. Du tumulte étant survenu dans les environs du faubourg, des hommes armés paraissent tout-à-coup par l'ordre de Cléandre, et les cavaliers de l'Empereur frappent et blessent tous ceux qu'ils rencontrent.

24. Le cheval-cerf et l'animal appelé cheval-pard ont aussi une crinière près de la naissance des épaules.

25. Une chose qui n'appartient qu'au chameau entre tous les quadrupèdes, c'est la bosse qu'il a sur le dos.

26. Si Minos veut que la justice préside à ses arrêts, il punira la destinée et non pas Sisyphe, le sort et non pas Tantale ; car en quoi ces princes ont-ils failli, puisqu'ils ne faisaient qu'obéir à la loi que le destin leur avait prescrite?

27. La nature, sans le secours de l'art, ne peut suffire à personne, pour quelque travail que ce soit, non plus que l'art sans l'aide de la nature.

28. J'ai obtenu de la gloire, mais non sans beaucoup de fatigues.

29. Tu cherches à voler sans ailes.

30. Pourquoi des sages mentiraient-ils ?

31. Il est indigne de vous, de la gloire d'Athènes, des exploits de vos ancêtres, de précipiter par votre insouciance tous les Grecs dans l'esclavage, et pour moi, j'aimerais mieux mourir que de vous donner un tel conseil.

32. Le Nil, depuis les montagnes de l'Éthiopie jusqu'à son embouchure dans la mer, parcourt un espace d'environ douze mille stades, en y comprenant ses détours.

33. On dit, Lycinus, que vous vous êtes bien divertis hier en soupant chez Aristénète ; que certains philosophes ont beaucoup disserté, qu'il s'est élevé entre eux une dispute assez vive, qui même a été portée, si Charinus ne m'a pas trompé, jusqu'à se faire des blessures, et que la contestation n'a fini qu'avec du sang.

34. La faim rend tout agréable, à l'exception d'elle-même.

§ 153.

CHAPITRE II.

DES ADVERBES.

§ 154.

I. — LIEU.

1. Pour moi, je vais droit à la maison, et frappe. Une femme à grand'peine me répondit de dedans, puis me vint ouvrir. Je lui demandai si Hipparque était chez lui. — Il y est, me répondit-elle.

2. Voyant que l'état de mon père laissait encore quelque espoir et que son mal n'était point au-dessus des ressources de mon art, après avoir bien observé, après m'être bien rendu compte de son état, j'entrepris sa guérison, et lui versai avec confiance la potion que j'avais préparée.

3. Les abeilles les plus vieilles travaillent dans l'intérieur de la ruche, et elles sont plus velues, parce qu'elles ne sortent point. Les jeunes, qui sortent, sont plus lisses.

4. Ne vois-tu pas des bœufs qui sortent du milieu de ces roches, et un homme qui descend en courant, et qui, la houlette à la main, empêche le troupeau de s'écarter?

5. Sans la volonté des Dieux, aucun mortel n'est heureux. Hélas! que de différences dans les destinées des mortels!

6. N'est-ce pas être également en dehors du seuil et en plein air, que d'être près de la porte, mais en dehors, ou d'en être loin?

7. Il n'est pas d'homme qui ne soit plus sage, quand il n'est pas en colère.

8. Il se réfugie parmi ses compagnons pour éviter la mort.

9. Le peuple était dans le deuil à la vue du siége, bien que

l'on ne combattît pas et que l'on ne fît point usage des armes.

10. La partie la plus faible du miel monte toujours sur la surface, et il faut l'enlever. La partie la plus pure descend en bas.

11. Deux grenouilles voyant que le marais qu'elles habitaient était desséché, allaient de côté et d'autre cherchant partout où fixer leur demeure. Parvenues près d'un puits profond, elles se penchèrent pour regarder et virent de l'eau; alors l'une d'elles fut d'avis d'y sauter aussitôt; mais, répondit l'autre, si ce puits vient aussi à se dessécher, comment pourrons-nous remonter?

12. La vague émue refluant avec violence repousse mon vaisseau vers la terre, et, soulevé par les ondes, il est près de toucher le rivage. Alors, de mes deux mains saisissant une longue gaffe, je repousse le navire loin du bord, puis exhortant mes compagnons, je leur commande de se courber sur les rames.

13. Plût à Dieu qu'il s'en fallût de peu, et même de beaucoup, que non-seulement toi, mais encore tous ceux qui m'écoutent en ce jour, vous devinssiez tels que je suis, à la réserve de ces liens!

14. La partie comprise entre l'œil, l'oreille et le sommet de la tête s'appelle *tempe*.

15. C'était le plus vil des guerriers qui vinrent sous les murs d'Ilion. Il était louche et boiteux; ses épaules recourbées resserraient sa poitrine, et sur sa tête, terminée en pointe, flottaient quelques cheveux épars.

16. C'est ainsi que sur les montagnes, l'épervier, le plus agile des oiseaux, fond d'une aile rapide sur la colombe tremblante; elle s'échappe d'un vol oblique; mais le ravisseur s'approche, en poussant des cris aigus, et redouble ses efforts, impatient de saisir sa proie.

17. Les Athéniens ont des îles très près de leur pays.

18. Aiguisez les lances, préparez les boucliers, donnez une abondante nourriture à vos coursiers agiles, et qu'en visi-

tant les chars avec soin, on prépare tout pour la bataille.

19. Allez, vous sur l'Hélicon, vous aux vallons du Parnasse ; ordonnez aux bûcherons de se hâter d'abattre les rameaux des chênes ; dès qu'ils les auront apportés dans la ville, entassez ce bois avec soin autour de l'autel ; mettez-y le feu et consumez les corps de tous ces criminels.

20. Lorsque Pyrrhus, forcé d'abandonner la Sicile, remontait sur ses vaisseaux, il se retourna vers ses amis et dit : Quelle arène nous laissons aux Romains et aux Carthaginois !

21. Commode se fit élever des statues dans toute la ville ; mais en face du Sénat il en fit placer une qui tendait un arc. Il voulait que son image inspirât la terreur.

22. Vous me paraissiez seul à l'abri de ce mal.

23. Je le précipiterai dans le ténébreux Tartare, à l'endroit le plus reculé, où le gouffre souterrain est le plus profond ; là sont des portes de fer sur un seuil d'airain.

24. On ne peut pénétrer au-delà de Gadès.

25. Au-delà de l'Euphrate était une ville riche et grande nommée *Charmanda*.

26. Caton pensait que chacun devait surtout se respecter soi-même, parce qu'on est toujours avec soi-même.

27. Les plus audacieux prennent la fuite quand ils voient Pluton menacer leur existence.

28. C'est en vain que les vieillards souhaitent de mourir, blâmant la vieillesse et la longue durée de l'existence. Quand la mort est voisine, personne ne veut plus mourir ; et la vieillesse ne leur est plus à charge.

29. Sans la présence de quelque divinité, il n'aurait pas une telle furie. Sans doute, un des immortels, enveloppé de nuages, se tient à ses côtés, et détourne les traits lancés contre ce guerrier.

§ 155.

LIEU OU L'ON EST.

1. Où demeurent les Parques ? Comment, n'étant que trois, peuvent-elles suffire aux soins minutieux de ce vaste univers ?

2. Étranger, je te demanderai d'abord qui tu es, quelle contrée t'a vu naître, où est ta patrie, et ta famille ?

3. Conduis ce malheureux étranger à la ville, afin qu'il puisse y mendier son existence.

4. D'où es-tu ? — De Samos. — Où as-tu été instruit ? — En Égypte, chez les sages de cette contrée.

5. Rien de ce qu'on estime tant ici-bas n'est éternel.

6. Égisthe, après avoir tué Agamemnon, forma à Mycènes ces complots qui lui furent si funestes.

7. Qu'il est digne d'envie [dit le marchand, battu par la tempête, qu'il est digne d'envie] le sort de celui qui reste heureux dans ses foyers ! — Et à peine sa cargaison est-elle à terre, que déjà il s'embarque de nouveau.

8. Il y a en Phrygie et ailleurs des bœufs qui remuent les cornes comme des oreilles.

9. Toxaris ne retourna plus en Scythie, mais il mourut à Athènes.

LIEU OU L'ON VA.

1. Quelle honte, Lyciens ! où fuyez-vous ? rappelez votre courage.

2. Que Mégapenthès, fils de Lacydas, s'avance. Où t'en vas-tu ? viens ici ! c'est toi, tyran, que j'appelle.

3. Nous allons là, où nous porteront nos pas.

4. Ils s'en allèrent se coucher chacun chez soi.

5. Je pense que si tu venais me demander du feu, et que n'en ayant pas, je te conduisisse chez un autre où tu pourrais t'en procurer, tu ne m'adresserais pas de reproches.

6. Anacharsis n'est pas le premier qui vint de Scythie dans le désir d'étudier les sciences de la Grèce ; Toxaris y vint avant lui. C'était un sage, un ami du beau, avide d'acquérir les plus utiles connaissances.

LIEU D'OU L'ON VIENT.

1. Je dirai quel fut le motif de cette loi.

2. C'est là ce qui a tellement répandu mon nom parmi vous.

3. Quand je demandai ce que la ville, en célébrant la fête annuelle, devait offrir en sacrifice au dieu, le prêtre me répondit : Moi j'apporte de ma demeure une oie, pour l'offrir au Dieu comme victime, mais la ville jusqu'ici n'a rien préparé.

4. S'il y a de l'eau courante près de la ruche, c'est là seulement, et nulle part ailleurs, que les abeilles vont boire, et d'abord elles déposent leur charge.

5. A notre retour d'Éleusis, le roi des sacrifices fit son rapport sur ce qui s'était passé à Éleusis pendant l'initiation ; car telle est la coutume.

LIEU PAR OU L'ON PASSE.

1. Le héraut partit d'Athènes. Et aussitôt les Thébains se hâtèrent d'envoyer chez Jason, leur allié, pour l'inviter à les secourir ; car ils prévoyaient l'issue des événemens.

2. Les habitans de Méroë n'adorent pas d'autres dieux que Jupiter et Bacchus. Ils leur rendent de grands honneurs, et ont un oracle de Jupiter. Ils prennent les armes quand les ordres du dieu le prescrivent, et vont faire la guerre là où le dieu l'ordonne.

3. Ils s'enfuirent chacun dans une direction différente, et les ennemis les poursuivant aussi chacun de son côté, tuèrent un grand nombre d'hommes.

§ 156.

II. — TEMPS.

1. Et maintenant, dans ce jour, mettons un terme à notre combat; une autre fois nous combattrons de nouveau, jusqu'à ce qu'un dieu nous sépare, et qu'il donne la victoire à qui lui plaira.

2. Alexandre, sur le point de combattre sur les bords du Granique, invita les Macédoniens à bien souper et à ne rien ménager, attendu que le lendemain ils souperaient aux dépens de l'ennemi.

3. Tu as préféré Chrysippe et Zénon à nous, qui sommes plus anciens qu'eux de beaucoup, car ils ne datent que d'hier; et tu te décides, sans avoir échangé une parole avec nous, sans avoir pris connaissance de nos doctrines.

4. Tel qui le matin a le dessous, le soir devient le plus fort.

5. Il n'assista pas dès le principe à tout ce qui s'est passé. Il n'est arrivé que tard, à peu près vers le milieu du combat, et est survenu un instant avant qu'on se portât les premiers coups.

6. Que tu es heureux d'être mort avant d'avoir vu l'excès de nos maux!

7. Il fut un temps, autrefois, où les Milésiens étaient braves.

8. Tu nous négliges, et traites somptueusement les autres. On ne peut s'en étonner, car tu ne sais pas encore discerner *le meilleur.*

9. Hérode, cet homme illustre, pleurait Pollux [son disciple], qu'une mort prématurée venait d'enlever à la fleur de son âge. Il avait ordonné qu'on attelât son char, qu'on tînt des chevaux tout prêts, comme s'il eût dû les monter, et qu'on préparât un festin. En cet instant, Démonax l'aborde et lui dit : *Je vous apporte une lettre de Pollux.* Hérode fut charmé de le voir, et pensa qu'il venait, suivant le commun usage, se mêler à la foule des amis qui flattaient sa douleur, *Eh bien! Démonax*, lui dit-il, *que me veut Pollux?* —*Il se plaint*, répondit le philosophe, *de ce que vous n'êtes pas encore allé le trouver.*

10. Pyrrhus, après avoir, dans sa lutte contre les Romains, remporté deux fois la victoire, non sans perdre un grand nombre de ses amis et de ses officiers, s'écria : Si nous remportons encore une pareille victoire sur les Romains, nous sommes perdus.

11. Çà donc, écoute ce qu'il me demandait tout à l'heure.

12. Comme il est important de crier bien fort, et de se montrer importun et hardi ! Cela est fort utile, non-seulement quand on plaide, mais même quand on a quelque chose à demander aux Dieux. Voilà Timon qui va sur-le-champ passer de l'extrême pauvreté au comble de la richesse, et cela pour avoir crié, pour avoir osé parler hardiment, en faisant sa prière ; c'est par là qu'il s'est attiré l'attention de Jupiter.

13. La fable rapporte qu'un oracle annonça à Œétès, roi de la Colchide, qu'il cesserait de vivre quand des étrangers, venus par mer dans ses états, lui enlèveraient la toison d'or.

14. Autrefois, dans Délos, Latone mit au monde deux enfans, Phébus à la blonde chevelure, le puissant Apollon, et Diane la chasseresse, qui poursuit le cerf de ses traits, Diane qui l'emporte en force sur toutes les femmes.

15. Cet homme est un habile lutteur ; mais souvent aussi, ô Philoctète, la ruse se voit déjouée.

16. Rien chez les mortels ne subsiste toujours.

17. La guerre n'enlève volontairement aucun méchant, mais toujours elle moissonne les bons.

18. Je ne tairai jamais ce qui est juste et droit.

19. Ne prononce jamais dans un procès avant d'avoir entendu les deux parties.

20. Je demande d'abord la santé, ensuite le bonheur, puis la joie, et enfin de ne rien devoir à personne.

§ 157.

III. — MANIÈRE OU QUALITÉ.

1. Préfère une bonne réputation à la fortune.

2. La plupart des soldats s'indignaient et souffraient intérieurement, en voyant tuer l'empereur choisi par eux, tandis que les élus du sénat avaient la puissance.

3. Philippe ayant appris que Nicanor gémissait sous le poids de la pauvreté et avait été négligé par lui, ordonna qu'on lui fît un présent.

4. Les singes sont velus sur le dos ; ils ne le sont pas moins sur la partie opposée.

5. Je souffre en entendant cela, et cependant je le supporte.

6. De même que les bons navires ne sont pas ceux qui naviguent pendant le calme, mais ceux qui résistent et échappent à la tempête ; de même aussi les hommes qui résistent à la colère et à la passion sont grands et courageux.

7. Je pense qu'en parlant comme je vais le faire, je prouverai plus facilement la honte à laquelle vous êtes en butte, et l'ambition du roi de Perse.

8. Il est impossible que tu deviennes sage, si tu ne bois trois fois de suite de l'hellébore.

9. Pour moi, à cette vue, je ne me sentais pas de joie ; quand je trouvais parmi eux quelqu'homme de ma connaissance, je m'approchais doucement de lui et lui rappelais ce qu'il était pendant sa vie, de quel orgueil il s'enflait, quand une foule nombreuse assiégeait dès le matin sa porte, attendant qu'il vînt à paraître.

10. Les Carthaginois troublés, pensant que l'espérance de la victoire dépendait du nombre et non de la discipline, sortirent tous en foule, comme pour s'opposer à Capellianus.

11. Le peuple et le sénat reçurent Sévère couronné de lau-

rier. C'était le premier des hommes et des empereurs qui ait accompli de si grandes choses sans effusion de sang et sans poussière.

12. Et moi, je te soutiens que personne ne fait rien pour rien.

13. Anacharsis venait à peine de débarquer, quand un génie tutélaire vint s'offrir à lui : c'était Toxaris, qui le rencontra dans le Céramique. L'habillement d'Anacharsis, qui était celui de son pays, attira d'abord ses regards, et bientôt il dut lui être facile de reconnaître Anacharsis, qui appartenait à la race la plus illustre, et était un des chefs des Scythes. Pour celui-ci, comment aurait-il reconnu un compatriote dans Toxaris, vêtu à la grecque, et qui, la barbe rasée, sans ceinture, sans armes, devenu même un peu babillard, pouvait passer pour un attique autochthone, tant son long séjour à Athènes l'avait changé? Cependant il aborde Anacharsis et lui dit en langue scythe : N'êtes-vous pas Anacharsis, le fils de Daucète ?

14. Erasistrate venait d'arriver tout récemment de Sicile. Il s'avance et dit : Salut Socrate. Salut Erasistrate, lui répondis-je. Eh bien! nous rapportes-tu quelque bonne nouvelle de Sicile. — Sans doute ; mais permettez d'abord que nous nous asseyons, car le trajet de Mégare à Athènes, que j'ai fait hier, m'a fatigué.

15. Pourquoi tarder, et te livrer à une compassion inutile ?

16. Il n'y eut que deux légions, l'une de Vitellius, appelée la *rapace*, l'autre d'Othon, nommée la *secourable*, qui se dégageant des défilés, et se déployant en rase campagne, engagèrent un combat régulier, et s'attaquant en ordre de bataille, se battirent fort long-temps.

17. Ceux-ci se formant en bataillon serré, résistent et lancent une grêle de traits.

18. D'autres périrent, dispersés en divers endroits de la ville.

19. C'est avec peine que j'ai trouvé ma ceinture dans l'obscurité.

20. J'ai reçu avec plaisir tous les livres que tu m'
voyés, et les lettres que tu avais chargé le bon Myg'
de me remettre; mais ayant à peine un instant de'
je te réponds par ce peu de mots : Porte-toi bien, et
moi toujours de semblables choses.

21. Je m'élançai sur eux comme un noir tourbill'
leur pris cinquante chars, montés chacun par deux ho'
qui mordirent la poussière renversés par ma lance.

22. Il presse de son talon le cadavre, et en retire s'
d'airain.

23. Il tombe sur ses genoux, et son arc s'échappe'
mains.

24. Ils montraient leurs bras cloués à leurs bouclier
leurs pieds percés de part en part par les flèches q'
retenaient au sol, en sorte qu'ils se voyaient dans'
possibilité de fuir et de se défendre.

25. Le cours du fleuve est rapide, abondant et limon'
et les îles serrées les unes contre les autres, et non '
minées, se servent mutuellement de liens pour arrêt'
alluvions; se croisant et n'étant pas rangées en ligne,
ne permettent pas aux eaux de s'écouler directement
la mer.

§ 158.

IV. — QUANTITÉ.

1. Jupiter punit ceux qui montrent trop d'orgueil.

2. Je sais que tu roules dans ton esprit quelque affai'
grande importance et qui est des plus secrètes.

3. Lorsque les Perses eurent cette proie en leur puissa'
ils massacrèrent impitoyablement, sans rien épargne'
les bêtes et les hommes; et, lorsqu'ils se furent rass'
de carnage, ils chassèrent devant eux le reste, et ret'
nèrent au camp, vers Mardonius.

4. Alors tous saluèrent Araspe, et lui donnèrent la'

Cyrus ayant trouvé que c'en était assez, raconte-nous maintenant, lui dit-il, ce qu'il est à propos que nous sachions. N'altère point la vérité, et ne diminue pas dans ton rapport les forces des ennemis.

5. L'éléphant a des dents dès l'instant de sa naissance, les grandes néanmoins ne sont pas d'abord apparentes. Sa langue est très petite et enfoncée, en sorte qu'il est fort difficile de l'apercevoir.

6. Le temps de notre vie comparé avec tous les siècles, est bien court et bien fugitif.

7. Combien de fois, ô déesse, as-tu fait usage de ton arc d'argent? D'abord tu as pris pour but un orme, puis un chêne; ensuite tu as attaqué un animal sauvage, et enfin c'est contre une ville coupable que tu as dirigé tes traits.

8. Ne vois-tu pas que toutes les fois qu'il a été chorège, il a été vainqueur dans tous les chœurs?

9. Le pigeon pond en toute saison. Le ramier et la tourterelle pondent au printemps et ne font pas plus de deux couvées.

10. Si quelqu'un s'étonne qu'on ait recommandé souvent *d'agir avec Dieu*, qu'il sache qu'après s'être trouvé souvent aux occasions, il ne s'en étonnera plus, et surtout s'il songe qu'à la guerre les deux partis se tendant continuellement des embûches, rarement peuvent savoir quel en est le résultat.

11. La force aveugle est souvent nuisible.

12. O trois fois malheureuse Prasie! que dis-je, cinq fois, cent fois malheureuse, car tu vas périr en ce jour.

13. O malheureux que je suis, comme je meurs misérablement! Oui, je suis trois, quatre, cinq, douze fois, dix mille fois malheureux.

14. Il vaut mieux mourir une fois, que d'être malheureux tous les jours.

15. Le matin, les abeilles gardent le silence jusqu'à ce que l'une d'elles les éveille par deux ou trois bourdonnemens. Alors elles volent en foule au travail.

16. Les Dardaniens, peuples de l'Illyrie, ne se baignent que trois fois dans leur vie, à leur naissance, à leur mariage, et à leur mort.

17. Les pigeons pondent dix fois par an.

18. Cette belle statue est la statue du beau Milon, qui, vainqueur sept fois de suite à Pise, n'est pas tombé sur ses genoux.

§ 159.

V. — INTERROGATION.

1. Ne vois-tu pas que toutes les fois qu'on agit avec colère, la raison se retire devant l'emportement, comme devant un tyran farouche ?

2. Qu'est-ce qui vous fait revenir à la vie ? Quelqu'un dans les enfers vous aurait-il chagriné ? car vous paraissez en colère.

3. Quelqu'un te commande-t-il ? — Ce pédagogue. — Est-il esclave ? — Sans doute, il nous appartient. — N'est-ce pas chose terrible, repris-je, qu'un homme libre soit commandé par un esclave ? Et en quoi ce pédagogue te commande-t-il ? — Il me conduit chez celui qui m'instruit. — Et ceux qui t'instruisent, te commandent aussi ? — Assurément. — Certes, ton père t'a volontairement donné bien des maîtres et bien des supérieurs.

4. Qu'est-ce que les hommes ? — Des dieux mortels. — Qu'est-ce que les Dieux ? — Des hommes immortels.

5. Comment peux-tu me commander une lâcheté ?

VI. — AFFIRMATION.

1. Aucun Dieu, aucun mortel, n'ose dire qu'il ne faut pas que l'injustice soit punie. — Assurément. Ce que tu dis est vrai.

2. Je pense, moi, que ce qui est honteux, c'est, non pas de bien parler et de bien écrire, mais d'écrire mal et de mal parler. — Cela est de toute évidence.

3. Je dis donc qu'il faut que chacun de vous s'acquitte avec soin et avec justice des fonctions qui lui sont confiées.

4. Achille lève sa longue pique, dans le désir de frapper Lycaon. Mais celui-ci se baisse, évite le coup, et embrasse les genoux d'Achille. Car la lance par dessus ses épaules s'était enfoncée dans la terre.

5. Solon ayant perdu son fils, versa des larmes. Quelqu'un lui dit que ses larmes ne lui rendraient pas son enfant. C'est précisément pour cela que je pleure, répondit-il.

6. Si tu as tort d'agir comme tu le fais, abstiens-toi de l'action même. Si tu as raison, pourquoi craindre ceux qui te blâmeront sans raison?

7. Démonax était l'ami de l'humanité entière, et il suffisait d'être homme pour avoir des droits sur son cœur.

VII. — NÉGATION.

1. Ce ne sont pas les antagonistes inhabiles qu'il est convenable d'imiter. Il faut, au contraire, mettre d'autant plus de soin à vous perfectionner, afin que vous leur paraissiez en tout point supérieurs et que l'on vous estime non seulement à cause de leur lâcheté, mais aussi à cause de votre courage.

2. Ce n'est pas audace et courage que d'oser envisager des amis qu'on a trahis, c'est impudence, et l'impudence est le plus honteux de tous les vices.

3. Le cœur qui souffre n'a pas de sécurité.

4. O mon père, je passerai sous silence les maux que j'ai soufferts. Car, après avoir souffert au moment du malheur je ne veux pas souffrir une seconde fois en racontant mes douleurs passées.

5. Ne ris pas de ceux que l'on raille.

6. Ne résiste pas à qui a sur toi l'avantage de la force.

7. J'ai tellement le désir de t'entendre, que si tu poussais ta promenade jusqu'à Mégare, je ne te quitterais pas.

7.

8. L'âge ne les empêche pas de s'indigner de leur fortune présente.

9. Ne te montre pas méchant.

10. Tu ne pourras jamais faire changer d'opinion tes concitoyens, et les empêcher de te regarder comme le plus corrompu de tous les hommes et comme l'opprobre de toute leur ville.

VIII. — DOUTE.

1. Hé bien, je me servirai aussi d'Homère pour vous supplier : peut-être que remplis de vénération pour ses vers, vous ne me dédaignerez pas, quand je vous les réciterai.

2. Il faut que j'aie recours à Euripide; peut-être me sauvera-t-il.

3. Tu l'apprendras avec le temps, mais non dans le moment présent.

4. Une vie heureuse vaut mieux que la noblesse.

5. Ne dis-tu pas que la mémoire est quelque chose? — Oui. — Est-ce quelque chose qui n'appartient à personne, ou qui appartient à quelqu'un? — Qui appartient à quelqu'un, très certainement.

6. Elle ne cessait de pleurer, en apparence sur toi, mais en réalité sur elle-même.

7. Là Enée, chef des guerriers, eût peut-être reçu la mort, si Vénus, fille de Jupiter, n'eût promptement aperçu son danger.

§ 160.

MOTS QUI, SANS ÊTRE ADVERBES, SONT EMPLOYÉS ADVERBIALEMENT.

1. La mouche, durant la nuit, se tient tranquille, elle ne vole plus, elle ne chante point; mais tapie dans quelque coin, elle y reste sans mouvement.

2. J'achevais mon travail en silence.

3. Il convient que nous, qui avons à juger une cause où il s'agit de l'exil, nous ne jugions pas contrairement aux lois, mais conformément à la justice. Il convient que nous examinions de quel côté est le bon droit, non pas au milieu du tumulte, mais dans un profond silence.

4. Brutius-Sura ayant long-temps résisté à Archelaüs qui, comme un torrent impétueux, s'était débordé dans la Béotie, et l'ayant défait en trois rencontres près de Chéronée, le chassa de la Grèce et le força de se borner à tenir la mer avec sa flotte.

5. Crésus dit qu'autrefois Solon d'Athènes était venu à sa cour, qu'ayant contemplé toutes ses richesses, il n'en avait fait aucun cas; que tout ce qu'il lui avait dit lui était arrivé, comme il l'avait annoncé.

6. Il croit être tout-à-fait libre.

7. Personne n'est entièrement irréprochable, personne n'est immortel.

8. Je hais ceux qui ne sont sages qu'en paroles, mais qui en secret osent commettre des actions coupables.

9. Quelque grand dauphin accompagne toujours les petits dauphins, comme pour les garder.

10. Si, parvenus à la fin de notre existence, nous voulions confier à quelqu'un nos fils à élever, nos richesses à conserver, regarderions-nous un homme intempérant comme digne de cette confiance? Confierions-nous à un esclave intempérant nos bestiaux, l'intendance de notre maison, la surveillance de nos travaux? Accepterions-nous même gratuitement un serviteur, un pourvoyeur qui aurait un tel vice?

11. Les hommes qui ont beaucoup de dents jouissent ordinairement d'une vie plus longue; au contraire, ceux qui les ont moins nombreuses et écartées vivent communément moins que les autres.

12. La ville de Ninive disparut aussitôt après la destruction de la monarchie des Syriens.

13. Tu n'as fait aucun progrès, tu le sais bien.

14. Tu viens après la fête.

15. Quand l'homme est malheureux, ses amis s'éloignent.

16. L'âge privé de tout secours, dénué de tout moyen, est, par la loi de la nature, le partage de l'homme au commencement de son existence.

17. Le temps, dans sa course, ne t'a pas avec les années accordé la sagesse.

18. Le vol de l'aigle est haut, afin d'embrasser de la vue un champ plus considérable. C'est pour cela qu'on l'appelle oiseau divin, et c'est le seul auquel on donne ce nom.

19. Les enfans des esclaves sont toujours dissolus.

20. Tout le monde, soit en public, soit en particulier, se réjouissait de la sage direction et de la douceur du pouvoir suprême.

21. Jouis de l'heure présente. Tout se flétrit promptement. Un seul été fait d'un chevreau un bouc plein d'audace.

22. Le courage est fort contre le malheur.

23. Macrin fut arrêté à Calcédoine, ville de la Bithynie; il était très gravement malade et épuisé par ses voyages continuels.

24. Il n'est aucune de ces choses que je ne sache parfaitement.

§ 161.

DEGRÉS DE SIGNIFICATION DES ADVERBES.

1. Si je rappelais ici la généalogie des Dieux donnée par Hésiode, et les ancêtres qu'en remontant plus haut il leur attribue, mon récit ne finirait pas.

2. Je vous ordonne de vous retirer très loin de Rome.

3. Oui, plus l'existence est longue, plus elle accumule sur nous les chagrins.

4. Socrate disait que n'avoir aucun besoin était le propre d'un dieu; et que celui-là se rapprochait le plus de la divinité, qui avait le moins de besoins.

5. Ce mal, qui dans son genre fut au-dessus de toute expression, attaquait chacun avec une violence qui excédait les forces humaines, et ce qui le distingua surtout des autres maladies ordinaires, c'est que les oiseaux et les quadrupèdes qui se nourrissent de cadavres humains, bien qu'un grand nombre de morts restassent sans sépulture, ou n'en approchaient pas, ou périssaient s'ils venaient à y goûter.

6. Citoyens, je puis vous apprendre en peu de mots qu'Œdipe est mort; mais il ne m'est pas possible de vous raconter brièvement ce qu'il a fait et ce qui s'est passé en ce lieu.

7. Il est facile à tous les hommes de parvenir au séjour du vice; car la route qui nous en sépare est courte, il habite très près de nous; mais les Dieux immortels ont placé les sueurs, les fatigues, devant la vertu. Le chemin qui conduit vers elle est long et escarpé; d'abord d'un accès difficile, il devient, quand on est au sommet de la montagne, facile de difficile qu'il était.

8. Les aigles occupent plutôt les hautes montagnes, que les montagnes peu élevées.

9. Mars déteste surtout ceux qui hésitent.

10. Quand ils virent Hélène s'avancer vers la tour, ils s'adressèrent entre eux, à voix basse, ces paroles rapides: On ne doit pas s'étonner que les Troyens et les Grecs, pour une telle femme, souffrent depuis long-temps des maux cruels.

11. Tous boivent-ils ou non à la coupe de l'erreur? — Tous, mais les uns plus, les autres moins.

12. Le moins velu des quadrupèdes, c'est l'éléphant.

13. Misérable, tu as donc encore évité la mort. Tu l'as vue bien près de toi. Apollon t'a encore une fois sauvé la vie.

14. Venez à moi, Tortures, aux regards sombres, volez ici de toutes parts. Compagnes de mes orgies, approchez. Que l'une embrase la plante de ses pieds jusqu'à l'extrémité des doigts, qu'une autre pénètre dans ses talons. Toi,

répands ton âcre poison sur ses cuisses et sur ses genoux, et vous autres, tordez les doigts de ses mains.

15. Honore ceux qui t'ont donné le jour et ceux qui te tiennent de plus près.

16. Les cerfs mâles ont la voix plus forte que leurs femelles.

17. C'est une nécessité que de souffrir, et celui qui supporte avec le plus de courage les vicissitudes auxquelles les dieux nous soumettent, celui-là est un homme sage.

CHAPITRE III.

—

DES CONJONCTIONS.

1. Ils nous abordèrent et nous saluèrent comme des gens de connaissance.

2. Ainsi chantèrent les Muses qui habitent les palais de l'Olympe, ces neuf filles du grand Jupiter, et Clio, et Euterpe, et Thalie, et Melpomène, et Terpsichore, et Erato, et Polymnie, et Uranie, et Calliope, Calliope qui l'emporte sur toutes les autres.

3. Il est à peu près égal que les produits du sol soient submergés, ou qu'ils périssent de sécheresse et par le manque d'eau.

4. Toute la vie n'est qu'un théâtre et un jeu. Apprends à jouer, bannissant loin de toi toute idée sérieuse, ou supporte tes douleurs.

5. Il faut que la couleur des chiens ne soit ni rousse, ni noire, ni entièrement blanche ; car les chiens de ce genre ne sont pas d'une bonne race, mais d'une nature commune et sauvage.

6. Ne sois ni le complice, ni le défenseur d'une mauvaise action ; car on te croirait capable de faire ce dont tu aurais facilité l'exécution à d'autres.

7. On ne s'informe pas chez nous de quel pays sont les gens vertueux, et nous ne sommes point jaloux d'eux si, n'étant pas nos amis, ils ont fait de belles actions.

8. Ne ris ni souvent, ni de beaucoup de choses, ni avec excès.

9. Quiconque triomphe par l'éloquence est sans doute un homme habile; mais je pense que les événemens sont toujours plus forts que les paroles.

10. Cette femme est esclave, mais elle a tenu le langage de la liberté.

11. Tout le monde trouvait qu'il avait agi avec imprudence, et cependant personne n'osait le dire ouvertement.

12. Où pourrait-on trouver la philosophie? car je ne sais où elle habite. Et cependant j'ai long-temps voyagé, cherchant sa demeure, afin de me mettre en rapport avec elle.

13. Ceux qui combattaient pour Macrin ne voyant plus depuis long-temps ni lui, ni les insignes de l'empire, se demandaient où il pouvait être, s'il était au nombre des morts, où s'il avait pris la fuite.

14. Quand Cyrus put penser que les corps de ses soldats étaient en état de supporter les fatigues de la guerre, et leurs âmes disposées à mépriser l'ennemi, que, de plus, chacun d'eux savait tout ce qui concernait l'arme à laquelle il appartenait, quand enfin il les vit bien disposés à obéir à leurs chefs, il commença dès lors à désirer entreprendre quelque chose contre les ennemis.

15. On doit moins se fier à ses oreilles qu'à ses yeux. Voilà pourquoi j'écris ce que j'ai vu et non ce que j'ai entendu.

16. Ne remue pas les mains en parlant : c'est le propre d'un fou.

17. J'accepterais, si j'étais Alexandre. — Et moi aussi, par Jupiter, si j'étais Parménion.

18. Minos et Rhadamanthe, s'il leur tombe quelques méchans sous la main, les livrent aux furies et les envoient

au séjour des impies, pour être châtiés selon l'importance de leurs crimes.

19. Les chiens qui ont de mauvais pieds, quelque ardens qu'ils soient, peuvent bien supporter les fatigues, mais la douleur que leur cause leurs pieds les force bientôt de renoncer au travail.

20. Etant hommes, nous ne faisons rien par notre propre volonté, mais nous obéissons à une nécessité inévitable; du moins si ce principe est vrai que le destin est la cause de tout. Si quelqu'un commet un meurtre, c'est le destin qui le commet, si l'on est sacrilége, on obéit à l'ordre reçu. D'où il suit que pour que Minos jugeât avec équité, c'est le destin qu'il devrait punir au lieu de Sisyphe, et la Parque à la place de Tantale.

21. Sévère, après avoir tué les amis d'Albinus, qui soit volontairement, soit par force, s'étaient liés avec lui, et après avoir, en outre, confisqué leurs biens, se hâtait d'arriver à Rome.

22. Croyez-vous qu'un homme si humain envers les étrangers voulût être injuste envers ses concitoyens, s'il n'en avait reçu les plus graves outrages?

23. Il était déjà fort avancé en âge; ainsi, lors même qu'il ne serait pas mort alors, il n'eût pas tardé longtemps à mourir.

24. Lors même que nous aurions omis quelque chose en ce moment, par cela même qu'il n'est pas facile de trouver tout exactement, l'événement lui-même saura le trouver.

25. Dix jours n'étaient pas encore écoulés que tous les alliés, même les étrangers, s'engagèrent par serment à reconnaître l'égalité des droits, et alors beaucoup d'hoplites et de soldats armés à la légère se mirent en campagne.

26. Caton disait que l'injustice, lors même qu'elle ne serait pas nuisible à ceux qui la commettent, est préjudiciable à tous.

27. Si tu veux être bon, commence par croire que tu es méchant.

28. Les Alpes sont des montagnes dont le sommet se perd dans les nuages, et dont les chaînes se prolongent tellement qu'elles embrassent toute l'Italie, s'étendant à droite jusqu'à la mer Tyrrhénienne, et à gauche jusqu'au golfe d'Ionie.

29. Les Colophoniens possédaient autrefois une marine considérable et une cavalerie tellement supérieure à celle des autres peuples, que dans toutes les guerres dont le succès était douteux, du moment que la cavalerie colophonienne arrivait comme auxiliaire, la guerre était terminée.

30. Les Celtes me chérissaient tellement pour la ressemblance de mes mœurs avec les leurs, que non seulement ils osèrent prendre les armes pour moi, mais me fournirent même beaucoup d'argent.

31. Il convient qu'un homme jeune et qui possède de grandes richesses se signale par quelque action d'éclat, afin que les Perses sachent qu'ils sont commandés par un homme.

32. L'homme, tant qu'il conserve la fleur de la jeunesse, objet de tous les vœux, a l'esprit léger et se livre aux pensées les plus futiles.

33. Caton disait qu'il fallait soutenir ses premiers exploits par de nouveaux exploits, afin de n'en pas laisser ternir la gloire.

34. Beaucoup de méchans sont riches, beaucoup de gens de bien sont pauvres. Pour nous, nous ne changerions pas la vertu pour la richesse. Car la vertu est un bien qui reste toujours, tandis que la richesse change souvent de maître.

35. Niger pensant qu'il réussirait facilement, parce qu'il voyait Julianus, d'une part, délaissé par ses soldats pour n'avoir pas tenu la promesse d'argent qu'il leur avait faite, et, de l'autre, méprisé par le peuple, qui le regardait comme indigne de l'empire, qu'il avait acheté, s'abandonne lui-même à l'espoir de régner.

36. Un Athénien traitait les Lacédémoniens d'ignorans.

Nous sommes donc les seuls, dit Antalcidas, à qui vous n'ayez rien appris de mauvais.

37. Lorsque le trait aigu dont il est percé aura épuisé ses forces, les loups cerviers, avides de carnage, le dévoreront sur les montagnes, au milieu des sombres forêts.

38. Le brave ne change point de couleur, il ne tremble pas quand pour la première fois il tombe au milieu d'une embuscade; loin de là, il désire en venir promptement aux mains.

39. Les Grecs poussaient de grands cris; on eût dit le bruit des vagues sur un rivage élevé, lorsque le Notus les pousse contre un rocher qui s'avance dans la mer.

40. La richesse est la pierre de touche du caractère d'un homme. Si dans l'aisance il commet quelque action honteuse, de quel crime ne le croirais-tu pas capable dans la misère?

41. Les Celtes, voisins de l'Océan, regardent comme honteux de se soustraire à la ruine d'une muraille ou d'une maison. Quand la marée de l'Océan remonte, ils s'avancent en armes au-devant des vagues et s'en laissent submerger, ne voulant pas faire croire, par leur fuite, qu'ils ont pu craindre la mort.

42. Les Sybarites ne souffrent pas dans leur ville les professions bruyantes, telles que celles des forgerons, des charpentiers et autres semblables. Ils veulent, en agissant ainsi, que rien ne puisse jamais troubler leur sommeil.

43. Un jour qu'Alcibiade allait voir Périclès, on lui dit qu'il n'était pas visible parce qu'il pensait à rendre ses comptes aux Athéniens. Ne ferait-il pas mieux, dit Alcibiade, de songer aux moyens de ne pas les rendre?

44. Quand nous donnons de l'argent, nous nous en affligeons comme d'un tort qui nous est fait; quand nous recevons de l'argent, au contraire, nous nous en réjouissons comme d'un service qui nous est rendu.

45. Quelle est cette femme, qui semble aveugle et insensée, et qui se tient debout sur une pierre ronde? — On l'appelle la Fortune.

§ 163.

REMARQUES.

1. C'est à Séleucie, forteresse de Mésopotamie, que Tigrane fit périr (1), Cléopâtre surnommée Séléné (2), après l'y avoir renfermée quelque temps, lorsqu'elle eût perdu le trône de Syrie.

2. Xantippe disait que dans toutes les révolutions dont Athènes et eux-mêmes avaient été les victimes, elle avait vu Socrate conserver toujours le même visage, soit qu'il fût contraint d'abandonner sa demeure, soit qu'il y revînt. C'est qu'il savait conserver de la modération dans toutes les circonstances, et voilà pourquoi rien ne put jamais l'affliger.

3. Ce n'était pas seulement en paroles qu'ils pratiquaient la vertu, ils la montraient à tous dans leurs actions, et voilà pourquoi ceux qui habitaient alors cette ville étaient des hommes de cœur dans leur conduite publique comme dans leur conduite privée.

4. En général, les femelles sont moins braves que les mâles, excepté dans les espèces de l'ours et de la panthère. Là, c'est la femelle qui paraît avoir le plus de courage.

5. Presque tous les insectes se cachent, si l'on en excepte ceux qui habitent avec l'homme dans les maisons et ceux qui périssent avant de voir la révolution de l'année.

6. Thalès n'eut jamais de maître ; seulement, lors de son voyage en Égypte, il vécut dans l'intimité des prêtres.

7. Tu vois combien d'ennemis m'attire ma profession et à quels dangers elle m'expose. Et cependant je connais parfaitement la profession opposée.

8. L'écrevisse a deux dents comme la langouste.

9. Réfléchis, puisque tu es sage.

10. Mais pour toi, mon pauvre Mausole, je ne vois pas

(1) 70 ans avant J. C. — (2) C'est-à-dire *la Lune*.

quel avantage tu pourras retirer de l'édifice (qui te sert de tombeau), si ce n'est d'être obligé d'avouer que tu es plus mal à ton aise que nous, accablé sous le poids de pierres si énormes.

11. Il était, à mon avis, très sage de penser que tous les biens ne sont d'aucune utilité sans la santé.

12. Cyrus, qui était enfant et avide de distinction, prenait grand plaisir à porter sa robe, et était surtout enchanté d'apprendre à monter à cheval.

13. Déesse, il faut respecter vos ordres, quelque violent que soit mon courroux. La sagesse l'ordonne. Quiconque obéit aux Dieux est sûr d'en être écouté à son tour.

14. Une paire d'aigles dominent sur un vaste terrain, parce qu'ils ne permettent point à d'autres de se fixer près d'eux.

15. Ceux qui ont l'empire de la mer peuvent, ce que ne pourraient faire ceux qui sont maîtres sur terre, ravager les campagnes de peuples plus puissans. Car il leur est facile d'aborder sur des côtes où il n'y a que peu ou point d'ennemis, et de se rembarquer et de reprendre le large, si l'ennemi vient à paraître.

§ 164.

CHAPITRE IV.

DES INTERJECTIONS.

1. Au nom des Dieux, cède et écoute les conseils de la prudence.

2. O fâcheuses cigales! elles ne la laisseront jà dormir, si haut elles crient. Et, d'autre côté, ces boucquins ici ne cesseront aujourd'hui de s'entre-heurter avec leurs cornes. O loups plus couards que les renards, où êtes-vous à cette heure, que vous ne les venez happer? (trad. de P. L. Courier).

3. Qu'est ceci? tu me frappes, Timon. Je prends des témoins. Par Hercule.... Aïe, aïe..., je te citerai devant l'Aréopage, pour blessure.

4. Demain, sois-en sûr, tu nous paieras tout cela, malgré ton impudence. Nous viendrons en foule t'assigner. — Oh! oh! m'assigner! cela n'est plus de mode. Savez-vous que je ne puis plus même entendre le mot procès? Ouida!

5. Hélas! hélas! comme, pour les mortels, les sages actions donnent lieu à de sages discours!

6. Ah! ah! divin Homère, comme les principaux personnages de tes rhapsodies sont là couchés, méconnaissables et hideux. Tout cela n'est plus que poussière, qu'un objet de risée, et ce sont véritablement des crânes sans consistance (1).

7. Eh quoi! un homme jeune peut-il être pervers?

8. La première différence qui existe entre l'ignorant et le philosophe, c'est que l'un dit : Que je suis malheureux d'avoir un fils, un frère, un père! Tandis que l'autre, s'il est forcé de dire : Que je suis malheureux! dit après mûre réflexion : Que je suis malheureux d'être tel que je suis!

9. Hélas! hélas! ô mon cœur, ce n'est pas toi qui commettras un tel crime.

10. Hélas! hélas! qu'on est malheureux d'être esclave et de supporter, vaincu par la force, ce qu'on ne devrait pas supporter!

11. Moi, souffrir de pareils traitemens! Hélas! dans ma vieillesse, habiter la terre sans vengeance. O crime! Je ne respire que colère et ressentiment. Hélas! hélas! ô terre!

12. Hélas! hélas! cruel retour! cruel aspect d'un palais condamné au veuvage! Malheureux que je suis! ah! ah! où aller, où m'arrêter, que dire? que ne pas dire?

(1) Allusion au vers 251 du livre X de l'Odyssée, où Homère appelle les morts ἀμενηνὰ κάρηνα.

13. Va donc, prends cette lettre, rends-toi à Argos. Mais avant je te dirai tout ce que renferment ces tablettes; car je connais ta fidélité pour mon épouse et pour ma maison.

14. Courage, mon ami, continue comme tu as commencé, et fais en sorte de n'avoir point à rougir.

15. Çà, dis moi, Diogène, quel destin t'a conduit aux enfers? — La morsure cruelle d'un chien.

16. Çà donc, examinons ce que nous disons. Pour qu'une chose, un homme plaise à Dieu, il faut que cette chose soit sainte, que cet homme soit saint. Pour qu'une chose, qu'un homme déplaise à Dieu, il faut que cette chose soit impie, que cet homme soit impie. Le saint et l'impie ne sont donc pas la même chose, mais chose très opposée.

17. Çà donc, réponds-moi également sur ce point, dis-moi si tu as aussi vu la Vénus d'Alcamène dans les jardins d'Athènes.

18. Contemplez tous ce corps misérable, voyez combien je suis à plaindre, dans quel état lamentable je suis.

§ 165.

CHAPITRE V.

DES PRÉPOSITIONS

DANS LES VERBES COMPOSÉS.

1. La pierre qu'Euripide appelle magnétique ne se borne pas à attirer les anneaux de fer, elle leur communique aussi sa vertu.

2. De là ils tentèrent de pénétrer en Cilicie. Mais le passage qui y conduisait était une route où ne pouvait passer qu'un seul char à la fois; elle était très à pic, et une armée ne pouvait y pénétrer, si quelqu'un en empêchait l'accès.

3. Talus voyant le vaisseau Argo s'approcher, lui lançait des pierres pour l'éloigner.

4. Le temps en veillissant nous fait tout connaître.

5. Le loup se mit à rire, et, ayant aiguisé ses dents : Cela seul, dit-il, est pour toi une récompense suffisante, d'avoir sans malencontre retiré ta tête de ma gueule et de mes dents.

6. Si l'on vient te dire qu'un tel dit du mal de toi, ne cherche point à te justifier, mais réponds : Il ignorait sans doute mes autres vices, car autrement il ne se serait pas contenté de dire cela.

7. Qu'est-ce que le temps ? — Un enfant qui s'ébat, qui joue aux dames et qui dispute.

8. Les paroles proférées ne peuvent se retirer (1).

9. Métis fit prendre à Saturne un breuvage qui lui fit vomir d'abord la pierre, ensuite les enfans qu'il avait avalés.

10. Tout ce qui se passa pendant l'expédition jusqu'à la bataille, la guerre que les Grecs eurent à soutenir après que le roi de Perse et Tissapherne eurent rompu le traité, a déjà été raconté dans ce qui précède.

11. Un seul mot que Dieu proféra affermit la terre sur les eaux, étendit la voûte des cieux, fixa les étoiles dans l'espace, embellit la terre de fleurs, et fit passer l'homme du néant à l'existence.

12. Beaucoup d'oiseaux changent de voix et de couleur suivant les saisons.

13. Quand les Mèdes virent les Assyriens rangés en grand nombre et leurs cavaliers immobiles, ils s'arrêtèrent aussi.

14. Dans l'intérieur des terres et à quatre schœnes du fleuve, est Bambyce, appelée aussi Edesse et Hiérapolis.

15. Les Argonautes arrivèrent dans le pays des Mariandynes, et là le roi Lycus les accueillit avec bienveillance.

16. On a vu des rossignols former le chant de leurs petits.

17. On raconte qu'Alexandre (le lendemain de la bataille d'Issus) entra dans la tente des captives. Héphestion était le seul de ses amis qui l'accompagnât. La mère de Darius, ignorant lequel des deux était le roi, car tous deux étaient vêtus de la même manière, s'approcha d'Héphestion et se

_____

(1) Nescit vox missa reverti.

jeta à ses pieds, parce qu'il lui paraissait plus grand. Hé-phestion ayant fait un pas en arrière, et quelqu'un de ceux qui l'entouraient ayant indiqué et fait connaître à la reine le véritable Alexandre, celle-ci, effrayée de son erreur, se retira, mais Alexandre lui dit qu'elle ne s'était pas trompée, car, ajouta-t-il, celui-là est aussi Alexandre.

18. Les Lacédémoniens, après l'événement de Platée, firent ordonner aussitôt, tant aux villes alliées de l'intérieur du Péloponèse qu'à celles du dehors, de préparer des troupes et tout ce qui était nécessaire pour une expédition hors du pays, l'invasion de l'Attique étant imminente.

19. Les parties méridionales de la Mésopotamie sont habitées par les arabes Scénites (1), peuple nomade, livré au brigandage et qui change volontiers de demeure, quand les pâturages et le butin viennent à manquer.

20. La république a témoigné sa reconnaissance à ses bienfaiteurs.

§ 166.

REMARQUES.

1. Sévère fit préparer tout ce qui pouvait être utile à l'armée romaine et gêner ou arrêter l'attaque des barbares.

2. Les abeilles sont exposées à voir naître dans leurs ruches des bêtes qui détruisent leurs gâteaux.

3. Un seul homme juste domine sur des milliers d'hommes injustes, quand il prend pour auxiliaires la divinité et la justice.

4. Les sages cachent leurs propres maux.

5. On doit pardonner, si, accoutumé dès le principe à une vie triste et chagrine, tu ne regardes comme honnête que ce qui s'accorde avec la rudesse de tes mœurs, et si, étranger comme tu l'es à la danse et à l'art de la danse lui-même, tu regardes ces plaisirs comme coupables.

(1) Qui vivent sous des tentes.

6. Epaminondas craignait que les Péloponésiens ne se réunissent pour la défense de Sparte.

7. Ce n'est pas pour les détruire et pour les anéantir que les hommes vertueux doivent faire la guerre aux hommes égarés, mais pour redresser et réparer leurs torts. Ils ne doivent pas non plus envelopper dans le même châtiment les innocens et les coupables, mais plutôt sauver et préserver les coupables avec les innocens.

8. La plupart des Gaulois qui habitent la plaine désiraient prendre part aux entreprises des Carthaginois, comme ils l'avaient résolu d'abord. Mais les légions romaines ayant déjà dépassé le territoire de la plupart d'entre eux et les tenant bloqués, ils se tenaient en repos; quelques-uns même étaient forcés de servir dans les rangs romains.

9. Après la bataille, les Arcadiens craignant une invasion des Lacédémoniens, fondèrent dans un lieu favorable la ville appelée Mégalopolis, et y réunirent quarante bourgs.

10. Il n'est pas facile de résister à la justice.

11. Je jugeai que les détails de la guerre d'Illyrie ne m'étaient pas assez connus, qu'ils n'étaient pas non plus d'une étendue suffisante pour en faire un ouvrage à part, que, d'un autre côté, il n'y avait pas lieu à les placer ailleurs. J'ai donc cru devoir les réunir antérieurement dans la période qui les embrasse depuis le commencement jusqu'à la fin, et les joindre à ce que j'ai dit de la Macédoine, pays voisin de l'Illyrie.

12. Tu auras pour trésor toutes les richesses de tes amis. Ainsi, courage, Hiéron, enrichis tes amis, car tu t'enrichiras toi-même. Agrandis l'état, et tu accroîtras ta propre puissance.

13. Le fils d'Uranus voyant l'enfant déjà grand et fort, changea les illustres gardiens auxquels d'abord avait été confié Jupiter, et châtiant les Curètes, les métamorphosa en animaux sauvages. Quand ceux-ci, par la volonté de Saturne, eurent dépouillé la forme humaine et revêtu celle des lions, dès lors, par un bienfait de Jupiter, ils règnent

sur les animaux habitans des montagnes, et, attelés sous le joug, ils traînent avec une rapidité effrayante le char de Rhéa, si heureuse de sa fécondité.

14. Ils s'enfuirent de côté et d'autre sur les éminences du rivage.

15. Tel est le naturel de la fortune, qu'elle enlève ce qu'elle a donné, et bientôt vous rend cent fois davantage, pour vous retirer de nouveau, non seulement ses derniers bienfaits, mais même ce que vous possédiez auparavant.

16. Lorsque le cavalier est assis, soit à poil, soit sur la selle, la bonne assiette n'est pas de se tenir comme sur un siége, mais plutôt comme si l'on était debout, les jambes écartées.

17. Moi-même, je conspire contre moi.

18. Jupiter traîna Prométhée en Scythie, le fit crucifier sur le Caucase, et mit auprès de lui un aigle qui, chaque jour, lui dévorait le foie.

19. Les ourses obligées de fuir, chassent devant-elles leurs petits, elles les prennent même et les portent; et quand elles sont sur le point d'être prises, elles montent aux arbres.

§ 167.

CHAPITRE VI.

DES PARTICULES INSÉPARABLES.

1. L'inaction est un soulagement à nos maux.

2. Une vie sans fêtes est une longue route sans hôtellerie.

3. Platon pense qu'il y a aussi dans les êtres quelque chose d'incorporel.

4. Rien n'est sans espérance, il faut toujours espérer.

5. Il ne faut pas s'attendre à l'impossible.

6. La vieillesse et la pauvreté sont deux blessures qu'on ne peut guérir.

7. Aucun mortel ne peut compter sur un bonheur durable.

8. Il faut que, dans le grand nombre des mortels les uns soient heureux, les autres malheureux.

9. Tes yeux contemplent un spectacle bien pénible.

10. Hector, apercevant son frère, l'accable de ses reproches : Malheureux Pâris, toi dont la beauté fait la seule gloire, plût aux Dieux que tu n'eusses point vu le jour, ou que tu fusses mort sans connaître l'hymen !

11. Il est une île qu'on appelle Syria. Cette île n'est pas très étendue, mais fertile ; elle abonde en pâturages, nourrit de nombreuses brebis, et produit beaucoup de vin et beaucoup de blé.

§ 168.

1. Si jamais Jupiter veut que le crime soit puni, puissiez-vous un jour périr dans ce palais sans vengeance !

2. C'est là que demeure un vieillard, habitant des flots, interprète de la vérité, l'immortel Protée, auquel l'Égypte a donné le jour ; ministre de Neptune, il connaît tous les gouffres de la mer. Autour de lui dorment en foule les phoques sans pieds de la belle Halosydne.

3. Jupiter et vous autres Dieux, faites que mon fils soit, ainsi que moi, illustre parmi les Troyens.

4. Vous n'avez pas redouté la colère terrible de Jupiter, qui fait gronder son tonnerre au haut des cieux.

5. Hercule était grand mangeur, et, parmi les oiseaux, on lui donne pour attribut la mouette, surnommée l'oiseau vorace.

6. L'impétueux Mars, le Dieu à la voix terrible, ne savait pas encore que son fils était mort au milieu de l'acharnement du combat.

7. Un serpent terrible, dont le dos était marqué de taches de sang (le Dieu même de l'Olympe le fit paraître à la lu-

mière), sort de dessous l'autel et s'élance vers le platane.

8. Il lui fit un bouclier épais, il l'avait formé de sept peaux de bœuf très fortes, qu'il avait recouvertes d'une lame d'airain.

§ 169.

CHAPITRE VII.

—

DES ADJECTIFS VERBAUX EN ΤΕΟΣ ET EN ΤΟΣ.

I.

1. Si tu veux être honoré, il faut que tu te rendes utile à la république.

2. La loi, quand elle est bonne, est, disent-ils, un sage discours qui prescrit ce qu'il faut faire et qui défend ce dont il faut s'abstenir.

3. J'aurais encore beaucoup de choses à dire, mais le temps ne suffirait pas, et il ne s'agit pas de cela maintenant. Car, si, de notre aveu, il nous arrivait d'être plus inutiles et plus méchans que nos adversaires, faudrait-il pour cela nous battre, nous insulter ?

4. Écoute maintenant, afin que nos projets réussissent. — Que dis-tu ? Certes, je suis prête à t'écouter. — Engageons le père d'Iphigénie à concevoir de plus sages desseins. — C'est un homme méchant, et il redoute fort l'armée. — Mais aux paroles on peut opposer des paroles. — C'est un faible espoir ; mais dis-moi ce qu'il faut faire. — Conjure-le d'abord de ne pas tuer ses enfans ; s'il est inexorable, viens me trouver.

5. Nous avons de bons alliés, il ne faut pas les livrer aux Athéniens, ni vider la querelle avec des procédures et des paroles, puisque ce n'est pas en paroles que les alliés ont

été offensés ; mais il faut les venger promptement et de toutes nos forces.

6. Ce n'est point un homme à mépriser, à négliger.

7. Le premier et le second jour, il resta renfermé, communiquant à ses amis ce qu'il convenait de faire.

II.

1. Nul n'est prophète dans son pays.

2. Appelé ou non, Dieu sera présent.

3. La destinée apporte aux mortels et le bien et le mal. On ne saurait fuir les dons des Dieux immortels.

4. L'homme qui, manquant d'argent et pouvant travailler de ses mains, n'a pas le courage de le faire, a coutume de dérober les biens de ceux qui possèdent des richesses.

FIN.

www.ingramcontent.com/pod-product-compliance
Lightning Source LLC
Chambersburg PA
CBHW052053090426
42739CB00010B/2150